羲世題

鄧皓荃 著

目錄

008 推薦序

010 自序

018 引言

第一章：香港和沉香的緣起

026 唐宋代的香藥貿易：廣州府和屯門山

028 從宋代到清中葉看廣東各地及香港種植與販運沉香的傳奇

第二章：近代香港製香業

046 香港香藥國際貿易和春出靚香粉的溪邊香水車

058 清末到民國時期的香港香業

064 中華人民共和國成立之後的香業大變革

第三章：香港老香舖簡介

082 梁永盛香莊：香港現存本地創立最久的百年老字號

092 永利檀香莊：香港創立的百年老字號

098 陳聯馨香莊：香港現存最古老的澳門百年老字號

106 梁永馨香莊：香港現存最普及的澳門百年老字號

112 祥盛檀香扇莊：香港現存最知名的檀香扇莊

第四章：各種香品的類型、香具和傳統製作工藝

126 線香（骨香、竹簽香）
139 玉香（線香、臥香）
142 塔香（香塔、盤香）
146 塔香粒（錐香）
147 香灰
149 香爐拉（香灰壓）和香箸

第五章：香港傳統製香成分

152 香骨
154 香膠粉
155 沉香
159 檀香
163 柏香
165 降真香
166 安息香
168 其他藥材
170 分辨天然和化學香的竅門

第六章：香港傳統使用香的方法

182 焚香
184 焚香木
186 篆香
189 香囊
190 塗香

第七章：香港香文化復興的願景

一縷輕煙通上界，萬般善念說前緣

推薦序

得知皓荃即將出版《港香情》一書時，我深感欣喜與驕傲，為他能將對中國文化與香港特色香的熱情轉化為志業，並付諸行動廣泛宣揚而讚嘆。皓荃自大學時期便展現出對香的濃厚興趣。我記得有一次，他帶領同學前往離島進行沉香的實地考察，大家都為他豐富的相關知識而驚嘆。在擔任我的研究助理期間，他還主動對盂蘭勝會中使用的香進行了深入研究。畢業後，他在日間從事文職工作，而晚上與週末則投身創業，開設香班，教授製香與焚香的樂趣。他全年無休地埋首工作，毫不懈怠。幾年後，他毅然放下全職追求理想，將香正式作為自己的事業。

這本書記錄了皓荃多年來累積的知識、情感與心血。他在書中講述香港這片曾孕育沉香的土地，如何成為華人社區知名的製香基地，並探索香港名字與香之間的深厚聯繫，同時呈現香作為中國文化以及全球華人祭祀傳統的重要載體的歷史意義。書中描述了香與香港的故事，融合了中國文化與香料貿易的關係，也展現了中國文化與世界的連結。皓荃透過細緻的介紹和生動的口述歷史，記錄了香港老香舖、香具、不同類型的香及製香技藝的珍貴點滴。

在都市化和世俗化的影響下，許多傳統習俗和手工藝逐漸消失，然而香文化仍在部分人心中保留並以新形式煥發生機。香的多樣性和適應性賦予它在現代生活中嶄新的意義。皓荃展示了香不僅是宗教用品，還可以成為日常生活中的優雅享受。製香和焚香讓人們感受到與傳統和自然的連結，其深刻的文化意義跨越了時代和地理界限。他推動香文化在現代社會的使用，幫助人們在忙碌生活中尋找片刻寧靜和心靈寄託。他分享了如何在家庭、辦公室和冥想空間中使用香來創造平和專注的氛圍，並相信香是現代人與歷史、自然及內心世界建立對話的橋樑。透過《港香情》，他希望能啟發更多人重新發現香的魅力，並將這份古老的文化傳承給下一代，讓香的故事在未來繼續書寫。

陳倩
香港樹仁大學學術副校長、社會學教授

自序

「一縷輕煙通上界，萬般善念說前緣」是書法家施育煌先生在二零二一年在我於城市大學為同學們開辦傳統香藝班之後，託女兒贈送於我的對聯。而這對對聯如今就掛在我店鋪一進門的地方，在另外一位書法家，同時亦是汴京茶寮藝術總監、澳門翰墨藝術教育中心的創辦人和我的好友莫義世先生為我的店鋪題「港香堂」三個字的旁邊。

沒有錯，的確這十幾年來我一直在焚香，由最初我身邊的親人、同學，慢慢到朋友、學生、社會大眾，向他們訴說這香港與香的前世今生。現在這一本《港香情》，有幾重意思，第一，在粵語中，這書名和「講鄉情」同音，的確我在香港出生，自然認為香港是我的故鄉，是我的家；第二，書名也和「講香情」同音，此書正是訴說這有關香港與香的情誼，我巧妙地運用粵語的同音意思，來表達這本書的情懷。而這本書的書名，也是特意請來莫義世先生

施育煌先生題字的對聯，以及港香堂名字、香業祖師。

為我而題的。事關其實我的祖先也是從澳門而來。也許我的祖先也與香有一段緣分，我祖籍廣東香山的太爺鄧容帝在清末年間到澳門氹仔卓家村去從事遠洋船的木工工作，附近對開海邊經常波濤洶湧，過往浸死很多採珠人。有一天我太爺夢見海邊的岩石上有觀音坐著，與村民商討之後聯合興建當今的氹仔觀音岩廟，而我們鄧姓太嫲陳官蘭和姑婆鄧森等管理這座廟宇並僱用龍皇勝擔任廟祝，直到澳門一二三事件之後，祖輩們舉家離開澳門到香港，並把廟宇交由澳門祖屋的租客阿瓊打理，現在由其兒子夫婦打理廟宇至今。我爸爸鄧劍洪經常跟我細說他小時候龍皇勝生病了的時候，每天要在返聖善學校上學之前負責到廟上香的經歷。所以我往時常常返澳門尋找祖先的事蹟，因緣際會下認識到當時在澳門的汴京茶寮創辦人伍偉發和經常在那裏寫書法的莫羲世。

澳門也是製香的重地，香港三聯在二零零九年曾出版一本《澳門神香業》。而由於我和王庭堅一樣有香癖，所以當然買了這本書細閱。我當時常常想，什麼時候會有香港的香業專書呢？後來樹仁母校的彭淑敏博士把我介紹給文化前輩李安女士，而李女士又把我推介給三聯的助理總編輯李毓琪女士，十六年後香再次把我和三聯聯繫起來，邀請我達成自己的願

2002 年筆者和爸爸在氹仔觀音岩廟合照

望，真的十分榮幸和感動。

祖先與香有淵源，那我自己呢？由於家裏有拜祖先的傳統習慣，小時候爸爸也經常會帶我到不同香舖購買無煙香，所以我從小就遊走不同的香舖。也許爸爸主要是買無煙香為主，味道不是特別好聞，小時候並沒有太大興趣。後期到了二零零七年，有一天在志蓮淨苑聞到越南沉香的味道之後，自此就愛上了香，開始四處尋找好香，並向老前輩請教各種香知識，同時間也參加了香港野生土沉香保育活動。並在二零一一年開始自己造香研究古方。二零一二年，我參加了由中大人類學系張展鴻教授籌辦的香道活動，邀請了日本香道志野流現在第二十一任家元的蜂谷先生來講解日本香道之後，再次掀起我對研究傳統香文化的熱情。

二零一四年，我經常光顧的天寶香莊（有利名香）宣告將要結業，不過由於當時我在忙碌於處理我的社會學學士畢業論文，無暇訪問，因此電郵到各家報館請他們訪問，最後《東方日報》和《太陽報》有訪問到他們。由於他們的結業，我有感於香港的香業不興，實在有可能有一天，香港會再沒有香，因此我中大碩士畢業之後工作半年後，希望從事傳統香文化保育，並在我本身服務的佛教青年協會之中，和董事袁明道先生商討籌辦傳統香文化保育課程，並在二零一七年一月開辦第一屆，每一屆都爆滿非常熱烈，很多上了年紀的前輩學員都說幾十年人也沒有聽過有人開班教香，而當中不乏年輕之輩參加。半年後，我希望保育香的義務工作變成更具規模的事業，便到了漢礼找創辦人許思思女士商討開辦和銷售我家裏自製的香品，得到她全力的支持，我便正式成立港香堂，開拓了我保育傳統香文化的事業。香文化保育工作得到非常好的成果，慢慢很多媒體開始訪問，令更多人知道傳統香文化的好處和香港的香歷史。到了二零一九年，因緣際會下在香港茶文化院成立一週年紀念會，認識了香港茶文化院院長及樂茶軒創辦人葉榮枝先生，兩年後我們開展了茶和香的合作。在葉榮枝先生的支持下，我們發明了世界首創的茶練香，並且也在樂茶雅舍開辦香文化課程。得到各位前輩的幫助，才有今天的我，因此我必須要一一具名感謝。另外，我也必須要在這裏感謝我恩師陳蒨教授多年來的教導和栽培，讓我在傳統文化保育研究方面得到相關知識以及實戰經驗，為我在今天保育香港傳統香文化的事業上奠定了扎實的基礎，因此我邀請了陳教授為我寫序，特此感謝她百忙之中撥冗幫忙以及支持！

而要傳承香文化，則必須要有前輩鼎力支持，才能夠傳承下去，因此此書訪問了很多香港香業界前輩，他們很多行事低調，過往都不接受傳媒訪問的。不過晚輩我是非常執著，很希望可以以我的綿力，記錄一下各位香業前輩的艱辛事蹟，記錄我們香港香業昔日的光輝事蹟，很感恩得到各位前輩的慈悲無私，與我分享往時的點滴，所以在此我亦要一一具名道謝（根據訪問先後次序排列）：祥盛檀香扇莊羅業強伉儷、梁永馨香莊曾小姐、梁永盛香莊梁炳培伉儷、陳聯馨香莊陳氏闔家和永利檀香莊的阮建中先生。沒有諸位香界前輩的鼎力相助及提供珍貴資料，書本難免單調乏味，如今有了前輩們的金石良言，實在對社會大眾認識傳統香文化一定有所裨益。本書自開始直到收筆可謂非常新鮮，只是用了兩個月的時間，從二零一五年的二月新春之後到四月頭，短短兩個月時間完稿，實在經歷日以繼夜，夜以繼日的瘋狂書寫。訪問、尋找史料、書寫、整理照片，同時間要造香、教香文化課程、招待客人、包裝香品等，全靠個人堅毅努力、香業祖師和歷代前輩庇佑，以及家人和員工的鼓勵和支持，才能成事。我已據我能力範圍內之所見所聞具陳。但願諸君從中獲益，支持保育香港傳統香文化。若有錯誤，還請各大前輩海量包涵，不吝斧正。

鄧皓荃

舊曆乙巳年三月初五書於香港葵芳港香堂

引言

「薪火相傳」不僅僅是一個關於信仰傳承的美好寓意，它更像是一條連接過去與未來的紐帶，承載著無數人對於這片土地深厚情感的記憶。而這份情感，並非僅僅源於對某個特定地點的喜愛或依賴，更深層次地反映了人們對於家國情懷以及自身身份認同的一種深刻理解。今日提到香港這個名字，很多人或許會聯想到它是如何從一個小漁村發展成為今天這樣一個國際化大都市的過程。但事實上，「Hong Kong」這一名稱背後所蘊含的意義遠不止於此。儘管在歷史上曾經有人試圖解釋稱該名稱是由英文直接音譯而來，但實際上根據官方文件記載，即使後來增加了中英對照版本，也明確規定以英文文本為準。這似乎暗示著某種程度的語言霸權現象存在；然而，如果我們進一步挖掘下去，則會發現其中蘊含著更加豐富多元的文化內涵。

香港，這顆鑲嵌在中國南部海岸線上的璀璨明珠，其故事的篇章悠長而深遠，可追溯至秦始皇一統華夏的恢弘年代，彼時，它隸屬於南海郡番禺縣的版圖之中，靜謐地躺在歷史的河流旁。時光荏苒，尤其在宋、明兩朝的輝煌歲月裡，廣東這片熱土猶如一顆種子，在經濟的大潮中蓬勃生長，綻放出對外貿易的絢爛花朵，成為連接東西方的橋樑。

在這波瀾壯闊的歷史畫卷中，「莞香」以其獨有的芬芳，悄然登場，成為了那個時代最迷人的信使。這種源自大地深處的饋贈，不僅在內地市場上備受追捧，更是跨越重洋，飄香至南洋、阿拉伯諸國，乃至更遙遠的土地。它的旅程，始於九龍尖沙頭——那個後來被世人熟知為尖沙咀的地方，那裏有一個專為莞香設立的小碼頭，彷彿是大自然與人類文明之間的秘密通道。小船輕輕搖曳，將這份香氣從尖沙頭運往石排灣，再由壯觀的「大眼雞船」承載著希望與夢想，駛向廣州，乃至世界的懷抱。尖沙頭因莞香而名噪一時，被譽為「香埠頭」，而石排灣這個繁忙的沉香轉運站，也順其自然地被賦予了「香港」這一美麗的名字，寓意著香氣彌漫的港灣。當歷史的車輪滾滾向前，英國人的腳步踏上這片土地，他們選擇保留了「香港」這個名字，讓它從一個貿易港冂成長為今日的國際大都會，名字背後的故事與文化，如同一股不息的暖流，流淌在城市的血脈之中。

香港的歷史，不僅僅是一部關於商業繁榮的史詩，它更是一部關於人民智慧與勤勞、開放與包容的心靈史詩。從昔日的小漁村到如今的國際都市，香港經歷了無數的風雨洗禮，卻始終堅守著那份讓世界為之動容的核心價值——無論時代如何變遷，那份海納百川、兼收並蓄的精神，永遠是香港最動人的篇章。

第一章：

香港和沉香的緣起

唐宋代的香藥貿易：廣州府和屯門山

自漢代出現絲綢之路以來，很多外來的香藥。比如香港因此而命名的沉香，根據唐代的《唐本草》記載說：「出天竺、單于二國」，即當今從印度和蒙古傳入。我們現在供香、香薰常用的檀香，就從印度經外來商貿而傳入。比如丁香，我們在咖喱鹵水料裏面常用到的丁香，其實在漢代的時候是最新潮的香口用品，就是從漢代從印尼傳入的。[1] 所以其實我們的薰香原料，一直以來比我們想像之中更加國際化。漢人的傳統香文化和國際香藥貿易有著密不可分的關係。

而說到香港，早在唐宋以來已經成為海上貿易的一個重要的地方。根據《新唐書》記載，唐代開元二十四年（公元七三六年）在屯門山設立了屯門鎮，派兵二千人鎮守，以確保當時海上貿易已經非常頻繁的屯門鎮的安全，[2] 因為在當時很多海外商人都是從珠江南邊經過屯門鎮，最終要到海外商賈雲集的廣州府銷售各種珍寶。[3、4] 而在唐代，根據《大唐和尚東征傳》云：「（廣州）江中有婆羅門（今印度）、波斯（今伊朗）、崑崙（唐朝人對印度半島與南洋群島的泛稱）

等船，不知其數，並載香藥珍寶，堆積如山……」[5] 由此可見，廣州早在唐代已經是香藥貿易的重地，而要進出廣州的海外商船都必須要在屯門停泊整頓，[6] 所以唐代的屯門山已經和香藥貿易有著重要關係。

而到了重文輕武的宋代，文人雅士悠閒之時經常有焚香的習慣，當時俗語有云：「燒香點茶，掛畫插花，四般閒事，不宜累家。」[7] 故此當時對於香藥的需求自然非常之大。不過在宋代的時候，北方有遼、金，西方有西夏、吐蕃、南詔等國，所以基本上陸路的香藥貿易路線都受到嚴重障礙。所以在宋代出現了海上絲綢之路，而其中廣東廣州港和福建的泉州港成為了外貿的集中地。當中香藥主要來自南洋諸國，比如師子國（今斯里蘭卡）、三佛齊（今馬來西亞、印尼一帶）、占城（今越南境內），所以大部分中東和東南亞諸國商人都因為地理關係，會選擇停留在對

2016 年為屯門忠義堂太平清醮二百週年。忠義堂自嘉慶二十一年（1816 年）起舉辦太平清醮，是屯門原居民團結起來的大型祈福活動。

他們來說比較近的廣州。[8] 根據宋代各種文獻，比如《續通鑒長》卷三一零記朱初平於元豐三年（公元一零八零年）所述、戴埴在《鼠璞》、蘇軾在《東坡題跋》卷一等，都提及廣州就是當時外國香藥入宋的集中地。[9] 而同樣，這些承載這海內外香藥進出廣州的商船也需要在屯門休息以及轉船，即大船在屯門轉小船上廣州，而廣州南下的小船轉大船往三佛齊、錫蘭、巴格達再往阿拉伯國家。[10] 所以廣州為首府的廣府地區，是傳統以來國內外香藥貿易不可或缺的重地，因此近年內地官方開始以「海上香路」之美名來稱呼這段輝煌的國際海上香藥貿易歷史。[11]

從宋代到清中葉看廣東各地及香港種植與販運沉香的傳奇

就如前段所描述，香港的屯門早在唐宋時期，已經是廣州香藥海上貿易商船經常停靠的地點。而宋代已經有文獻指出，當年廣州的沉香大多也是來自海上貿易的。根據南宋范成大在《桂海虞衡志》指出：「如沉箋之屬，世專謂之香者，又美之所鍾也。世皆云二廣出香，然廣東香，乃自舶上來。……中州人士但用廣州舶上占城、真臘等香，近年又貴丁流眉來者。」當中所謂占城、真臘，即是當今越南、柬埔寨等地的沉香，這些沉香大都是經過屯門再入廣州，而數量甚多。比如在北宋仁宗時期，皇祐五年（公元一零五三年），占城「來貢沉香九五六斤、附子沉香一五零斤、箋香四二五八斤、速香四八九零斤……暫香一二零斤」；紹興二十五年（公元一一五五年），交趾（也是今越南）進貢沉香一千斤；占城進貢「附子沉香一五零斤、沉香三九零斤、沉香頭二塊十二斤、上箋香二六九零斤、中箋香一二零斤、箋香頭塊四八零斤、箋香頭二三九斤……上速香三四五零斤、中速香一四四零斤……暫香一二零斤」。[12] 而這些所謂沉香、附子沉香、箋香、速香、暫香都是古代對不同品質或結成方法的沉香的細微分類，所以可以見到宋代來朝進貢的沉香之多，以及古人對於沉香品質的講究。

當年越南沉香已經所求甚大，而早在三國時期的萬震也在《南州異物志》指出：「沉木香，出日南」，即今越南。到今時今日，一般人認識沉香，也會覺得越南是最出名。我國傳統以來在海南和廣東也有種植沉香，不過是不是本土已經有的物種就一直有學者在爭論。當中和我們廣東有關的沉香，陳伯陶於民國年間所寫的《東莞縣志》指出：「唐名棧香樹，即莞之香樹也，本出交趾，移植廣管，而於莞土尤宜。」認為廣東東莞縣一帶的沉香是來自越南的沉香樹種。

早期有關廣府地區本地有種植採伐沉香的記載，是早在梁代（魏晉南北朝）印度高僧竺法真在《登羅山疏》中提及：「沉香葉似冬青，樹形崇竦，其木枯折，外皮朽爛，內乃香，山雖有此樹，而非香所出，新會高涼土人斫之，經年肉爛盡，心則為沉。」[13] 南朝劉宋時期沈懷遠的《南越志》記載：「盆允縣利山多香林，名香多出其中。」盆允，即新會的古縣名，而利山即是今日的古兜。而唐代的劉恂在《嶺表錄異》指出：「廣管羅州多棧香樹」，而當時所指出的羅州就是我們今天的廣東湛江。在北宋的時候，張師正在《倦遊雜錄》記載：「沉香木，嶺南諸郡悉有之，瀕海諸州尤多。……今南恩、高、竇等州，惟產生結香。蓋山民入山，見香木之曲幹斜枝，必以刀斫之成坎，經年見雨水所漬結香，複以鋸取之，刮去白木，其香結為斑點，亦名鷓鴣斑，燔之甚佳。」嶺南諸郡是指廣東地區；當中南恩、高州、竇州就是當今的廣東恩平、陽江、信宜、茂名等地區。而所謂的生結沉香就是透過人工方式令土沉香樹受傷而成，帶有樹脂的沉香。除此之外，北宋丁謂在天聖三年（公元一零二五年）的《天

唐代敦煌藏經洞出土引路菩薩圖

香傳》有提及「雷、化、高、竇，亦中國出香之地」，當中雷州就是當今湛江地區。所以唐宋以來，廣東一帶已有種植沉香的記錄，不過主要是在珠江西邊地區。

至於去到元代的時候，就開始有文獻指出東莞縣（東莞一帶珠江東邊地區，包括香港）有種植沉香。元代的陳大震、呂桂孫在《南海志》提及：「欖香：新會上、下川山所產白木香，亦名青桂頭。其水浸漬而腐者，謂之水盤頭。雨浸經年，凝結而堅者，謂之鐵面。惟欖香為上香，即白木香材，上有蛀孔如針眼，剔白木留其堅實者，小如鼠糞，大或如指，狀如欖核，故名。其價舊與銀等。今東莞縣地名茶園，人盛種之，客旅多販焉。」可見，種植沉香的地區開始從珠江西邊地區東遷到珠江東邊的東莞縣。所以這些被稱為「莞香」的在東莞地區生產的沉香，大概在宋末元初出現。而自從明開始，就多了很多文獻講述莞香了。

到了明代的時候，東莞縣的沉香生產得到發展，可能某程度是因為當時的政策所致。明代初期，明太祖下達命令要求「片板不許入海」的史上最嚴海令之後，再加上朝廷鼓勵本地培種香藥，使東莞沉香產業蓬勃發展。[14] 盧祥在天順八年（公元一四六四年）的《東莞志》中提及：「香：邑之三四五都皆產香，惟茶園土宜。為最初植時皆白木，以斧所其樹羥，歲久雨漬凝結黑蘸，則剔去白木為片香，小為馬牙香，又有香頭經年雨，清有堅黑者，謂之甲箋。極堅者，謂之鐵面。皆香之美者，江外雖傳廣產，其實於吾邑而已。」黃佐在嘉靖六年（公元一五二七年）的《廣州志》指出：「南粵老香山並香林、香洲，咸產異香，自東莞人種植，而香山、香林皆廢……東莞縣茶園邨香樹出於人為，不及海南出於自然。」到了萬曆元年，由於人口增加而且海盜猖獗，為了方便管理，就把今日的深圳和香港一帶地區，歸納為新的行政地區——新安縣。[15]

到了清代的時候，東莞以及香港一帶的沉香產業大受打擊，因為在清初，清廷為了打擊沿海地區的海盜和明朝餘部以確保入關之後的安定，於順治十七年（公元一六六零年）頒佈遷界令，要求沿海五十里的居民遷入內陸地區，然後要到康熙二十三年（公元一六八四年）才撤銷。[16] 儘管早在康熙八年（公元一六六九年）香港一帶的居民已經可以回到本來地方，但是這個整整二十四年的遷界令已經令到沿海以及香港一帶種香業等多個傳統產業一去不復返。[17] 當中因為遷界令受影響的明末清初學者屈大均，在康熙十七年（公元一六七八年）還未完全撤銷遷界令期間所寫的《廣東新語》中指出：「自離亂以來，人民鮮少種香者，十戶存一，老香樹亦斬刈盡矣。今皆新植，不過十年二十年之久，求香根與生結也難甚。」可以見到這個遷界令把廣東地區的沉香業影響至幾近消亡。不過屈大均因為遷界令而遷往東莞縣一帶居住，因而對於明末時期莞香的輝煌事蹟有詳細記述：「當莞香盛時，歲售逾數萬金。蘇松一帶，每歲中秋夕，以黃熟徹旦焚燒，號為薰月。莞香之積閶門者，一夕而盡，故莞人多以香起家。」可見當時莞香在江蘇上海一帶已經是非常珍貴的搶手貨，令東莞一帶的種植者有可觀的收入，因而很多東莞人都是以香起家。而且屈大均更在《廣東新語》提及「東粵有四市……一日香市，東莞之寥步，凡莞香生熟諸品皆聚焉……當莞香盛時，度嶺而北，歲售逾數萬金」。而寥步即寮步，就是當時聞名販賣莞香的香市。[18] 這些光輝往事，在遷界令之後都已俱往矣。

不過，儘管在遷界令之後沉香事業在廣東一蹶不振，但清廷對於東莞沉香依然非常有需求，而且更因此而鬧出人命來，亦因如此，東莞一帶居民更加不願意再從事種植沉香的產業了。[19] 陳伯陶所寫的《東莞縣志》指出：「聞前令時承指購異香，大索不獲，至杖殺里役數人，一時藝香家盡髡其樹而去，是尤物為禍，亦不細矣！然則莞香至雍正初，蓋一跌不復振也。此酷令不知何名，深可痛嫉。改良種植，固在居民，其亦賴良有司護惜哉！」

雍正之後，東莞乃至香港一帶居民似乎還有種植沉香。但根據雍正之後，港督金文泰的中文老師清太史宋學鵬，以筆名永言在一九四八年於黎晉偉主編的《香港百年史》中撰寫的〈香港地名考〉，找到文獻證明乾隆期間，朝廷依然對於東莞沉香念念不忘：「清乾隆四十九年，帝六次南巡，江寧人內閣侍讀嚴長明迎駕後，往隨園訪袁枚不遇，時袁枚遊廣東，長明致袁書，『先生久蒞羊城，啖昌華之荔，收東莞之香』等句，昌華，南漢王劉氏所建苑囿也，原址在今廣州市荔枝灣，所產荔枝國著名，嚴明長信中語，直以東莞之香，與昌華之荔同稱，乾隆年間，在雍正年間，莞人盡斬香樹逃亡後，尚念念不忘莞香，莞香著名於江浙間。」[20] 隨後王崇熙在嘉慶二十四年（公元一八一九年）《新安縣志》指出：「香樹：邑內多植之，東路出於瀝源、沙螺灣等處為佳。西路出於燕村、李松蓢為佳。葉似黃楊，凌寒不落。子如連翹而黑，落地則生，經手摘則否。香氣積久而愈盛。正幹為白木香，出十八許為香。頭必經十餘載始鑿。如馬牙形，俗呼為牙香。凡種香家，婦女潛取佳者藏之，名女兒香。歲時供神以此為敬。」這應該是第一次有文獻記載在當今香港之內，在沙田區的瀝源和位於大嶼山的沙螺灣有種植和出產沉香。但至於是遷界令前後，還是雍正前後，就沒有具體說明，只可以說嘉慶年間是知道在當今香港境內有種植沉香。

雖然可以從歷史以及當今的證據知道香港的確是有生產沉香，不過學者對於香港的命名是不是因為莞香就有不同意見。「香港」二字最早見於宋應昌在明萬曆十九年（公元一五九一年）的《全海圖注》和郭棐在萬曆二十三年（公元一五九五年）的《粵大記》，當時指稱是在香港島南方的一個地方。而現在學者對於香港的命名基本上有五大說法：阿群帶路說、甘露說、紅香爐說、海盜說、莞香說。[21、22、23] 而最早提出莞香說的是華人學者宋學鵬，他在〈香港地名考〉中提出：「在東莞縣署納糧，糧冊均寫『裙帶路地方某處，某處田糧』字樣，今香港及新界一帶，自唐至德二年，至明隆慶六年，係東莞縣地方，明萬曆元年，置新安縣，始撥歸新安縣境，但『裙帶路』田畝，直至清康熙年間，仍在東莞縣納糧。『香港』二字，原為明朝至清嘉慶時一小港（小海灣）之名，該海國在今香港仔附近之香港村海濱，名曰『香港』之小海灣，以運香木出口著名，香木為檀香、伽楠香、沉香等，統稱『莞香』，東莞縣境所產之香也。今香港及新界，由唐至明，屬東莞……自東莞南部及今新界所產之香，恆在尖沙頭（今尖沙咀）之香埗頭（當年運香出口之舊式碼頭），用小舟載至石排灣（今香港仔）附近之小港，名香港者，然後改用艚船（大眼雞船）轉廣州城，遵陸而北，踰南雄嶺直達江蘇省蘇松一帶，貿易極盛……香港灣香業凋零後，至清代乾隆二十四年（公元一七五九）有周啟文者，在灣之附近開村，名香港村，屬官富巡檢司管屬村莊（見新安縣志都里表）……」[24] 而後來羅香林教授的學生張月娥，亦在羅香林教授等人撰寫的《一八四二年以前之香港及其對外交通》第五章〈香港村與九龍新界各地香品之種植與出口〉中以非常相似的內容再次詳細闡述。[25]

「香港」一詞是不是因為東莞沉香而命名，到今天依然有很多學者提出反駁和質疑，不過除了華人學者的論述，似乎在英國人來到香港之後也有不同的描述。早在一八七三年，一位署名為 H. B. 的人在《孖刺西報》（*Hong Kong Daily Press*）刊登指出，「『香港』之名是取自當時稱為小香港的香港圍，並指出其名是因為那裏有一定數量的白木香樹種植，而這些樹稱為牙香，燃燒的時候有芳香之氣，儘管如今伐木者已經離開，但是依然有一些樹木仍在那裏以及黃泥涌，在過往的時候有很多在那裏生長」，而這論述也再次說

THE NAME HONGKONG.

TO THE EDITOR OF THE "DAILY PRESS."

SIR,—In reference to the often repeated question, What is the meaning of the name Hongkong? and the many explanations thereof which have been brought before the public in different papers, the following information on the subject, gleaned from Chinese long-resident in the Colony, is offered with great deference, and with the hope of inducing further information from those who may have had better opportunities of making themselves acquainted with the points herein presented to notice.

Victoria, called Kwan-tai-lo, or sheep-track roads, on account of the narrowness of the hill paths, along which the villagers walked from one place to another in single file, was, after the arrival of the English, called, together with the rest of the island, Hongkong; the words being taken from the name of the village now known as Little Hongkong.

Little Hongkong, or Heung-kong-wai, is said to have been so-called on account of the quantity of Pak-muk-heung-shü then growing there, the wood of these white-wood fragrant trees, is called 'Nga-heung (i.e., fragrant-wood white as a tooth), is odoriferous when burnt, and although now the wood-cutters have left but few trees there and at Wong-nei-chong, yet formerly it grew abundantly there. In the time of the Hou dynasty, this wood, it is said, was highly valued, and formed an article of tribute.

The word Kong, meaning a separating, a flowing, of waters, is peculiarly applicable to the Straits between Ap-li-chau and Little Hongkong, through which the water ebbs and flows with the rising and falling of the tides.

Hongkong Wai, which would thus appear to have given the name Hongkong, is still one of the most beautiful spots in the whole island.

Yours truly,

H. B.

Hongkong, 4th February, 1873.

上｜明萬曆郭棐《粵大記》的〈廣東沿海圖〉

下｜1873 年《孖剌西報》有關香港之名的來源的報道

明了香港名字的來源與莞香的關係。在一九一二年香港前植物及林務部的鄧恩（Stephen Troyte Dunn）和特車（William James Tutcher）在《廣東和香港植物志》（*Flora of Kwangtung and Hongkong*）中指出他們在香港的一塊華人風水林（在他們的廟宇和村落附近用作美化環境和宗教用途）中找到一百二十五種樹木，而當中土沉香樹佔三十一，常見於跑馬地森林及香港其他地方，如大嶼山、香港新界等。[26] 此外，香港野生土沉香保育人士訪談各個香港古老村落所得出的資料和香港有種植土沉香樹的資料互相吻合。香港近二十年有土沉香樹被非法砍伐的情況，而這些被非法砍伐的香港野生土沉香樹，很大程度就是當年培植的沉香樹的後代。筆者早在十幾年前讀本科的時代就參加何佩嫻等人的土沉香保育團隊的活動，他們在不同的古老村落做田野考察的時候，有關村民表示他們的祖先會在開村的時候在他們的風水林種植土沉香樹。[27] 筆者認為，香港產沉香是不爭的事實，古有文獻記載，非法砍伐香港土沉香到今天依然發生，而這些非法砍伐而來的香港土沉香在市場上可見。二零二四年由中共中央黨校出版社出版的《海上香路：中國與世界》一書中，都認同莞香說的考據，亦稱香港是香而成港，東莞等地的沉香是經過香港轉運到京師以及江浙等地。[28] 劉松泰更在二零一七年出版的《中國香市：寮步沉香記事》中指出：「香品成交後，都會在碼頭裝船外運。每當運香船隻從寮步或者石排灣（香港）起航，都會有一場龐大而隆重的祭祀儀式。」[29]

隨著時光遠去，滄海桑田，對於生於繁華城市的香港人，的確難以想像往昔香港與香的一切種種因緣，不過縱觀過去種種考證，香港和沉香結下千年不解之緣，似乎是一個不爭的事實。

港香堂販賣的東莞沉香木

註釋

1 朱香慧（2016）。絲路之香料文學研究。國立臺南大學人文研究學報，50(2)，頁八三至一零零。於二零二五年三月三十一日擷取自 https://liberal.nutn.edu.tw/userfiles/50(2)%E4%BA%BA%E6%96%87-%E7%AC%AC%E4%BA%94%E7%AF%87.pdf。

2 鄧家宙等編（2011）。香港歷史探究。香港史學會。頁二零。

3 林天蔚（1986）。宋代香藥貿易史。中國文化大學出版部。頁一四。

4 羅香林（1957）。屯門與其地自唐至明之海上交通。新亞學報，2(2)，頁二八一。於二零二五年三月三十一日擷取自 https://repository.lib.cuhk.edu.hk/en/item/cuhk-3318730

5 林天蔚（1986）。宋代香藥貿易史。頁一零五。

6 蔡兆浚（2022 年 4 月 19 日）。屯門地名初探。香港地方志中心。於二零二五年三月三十一日擷取自 https://www.hkchronicles.org.hk/ 香港志 / 地名 / 屯門地名初探

7 吳自牧（1274）。夢粱錄。於二零二五年三月三十一日擷取自 https://ctext.org/wiki.pl?if=gb&chapter=658485

8 林天蔚（1986）。宋代香藥貿易史。頁一零零至一零五。

9 林天蔚（1986）。宋代香藥貿易史。頁一零四至一零五。

10 林天蔚（1986）。宋代香藥貿易史。頁一零零。

11 袁敦衛、李淵博、陳婕（2024）。海上香路：中國與世界。中共中央黨校出版社。

12 林天蔚（1986）。宋代香藥貿易史。頁一八四、一九零。

13 林天蔚（1986）。宋代香藥貿易史。頁二九。

14 袁敦衛、李淵博、陳婕等（2024）。海上香路：中國與世界。頁五七。

15 香港地方志中心（2020 年 12 月 28）。《新安縣志》：揭開香港本來面貌。於二零二五年三月三十一日擷取自 https://hkchronicles.org.hk/%E5%BF%97%E5%9C%A8%E5%9B%9B%E6%96%B9/%E5%9B%9B%E6%96%B9%E4%BF%AE%E5%BF%97/%E6%96%B0%E5%AE%89%E7%B8%A3%E5%BF%97-%E6%8F%AD%E9%96%8B%E9%A6%99%E6%B8%AF%E6%9C%AC%E4%BE%86%E9%9D%A2%E8%B2%8C%E7%9A%84%E4%B8%BB%E8%A6%81%E6%96%87%E7%8D%BB

16 鄧家宙等編（2011）。香港歷史探究。香港史學會。頁二八。

17 鄧家宙等編（2011）。香港歷史探究。香港史學會。頁二八。

18 劉松泰（2017）。中國香市：尋步沉香事記。華中科技大學出版社。頁六三。

19 羅香林等（1963）。一八四二年以前之香港及其對外交通——香

港前代史。中國學社。頁八七。

20 黎晉偉主編（1948）。香港百年史。南中編譯出版社。頁六八。

21 羅香林等（1963）。一八四二年以前之香港及其對外交通——香港前代史。頁八二至八五。

22 徐振邦、陳志華（2015）。圖解香港手冊。中華書局（香港）有限公司。

23 黎晉偉主編（1948）。香港百年史。

24 黎晉偉主編（1948）。香港百年史。頁六七至六八。

25 羅香林等（1963）。一八四二年以前之香港及其對外交通——香港前代史。頁八零至八八。

26 Dunn, S. T., & Tutcher, W. J. (1912). *Flora of Kwangtung and Hongkong (China)*. His Majesty's Stationery Office. 9 & 227.

27 何佩嫻（2015）。土沉香和香港的關係。認識土沈香。土沉香生態及文化保育協會。於二零二五年三月三十一日擷取自：https://incensetrees.wixsite.com/incensetrees/about1-c21mx

28 袁敦衛、李淵博、陳婕等（2024）。海上香路：中國與世界。頁六一。

29 劉松泰（2017）。中國香市：寮步沉香記事。頁二零。

廣銘源出入口
廣 香 銘 莊 源

第二章：

近代香港製香業

香港香藥國際貿易和舂出靚香粉的溪邊香水車

上一章我們主要探討的是沉香原材料在香港的種植和販運情況。若要把原材料製作成為可以日常使用的香品，必須要把沉香、檀香，以及其他香料粉碎成粉末，然後加入黏粉和水，再製作出不同形態的香品。古代並沒有電動粉碎機器，那麼是用什麼工具把香材粉碎呢？就是用水碓把香材舂碎而成。比如在屈大均康熙年間寫的《廣東新語》提及：「水翻車，一名大棚，車輪大三四丈，四周悉置竹筒，筒以吸水，水激輪轉，自注槽中，高田可以盡溉。西寧亦然。每水車一輛，可供水碓十三四所。以樟、楓、雞藤諸香舂末，以作線香，謂之香水車。……香碓，羅浮為多。羅浮眾香之藪，其樹木多芳辛酷烈。凡枯柯折幹，外皮雖朽，內心甚香。山人每采樹之鱗甲名薰陸羅香者，及楓、桂、雞藤、水松之屬，以轓車車水，水激處百杵齊舉，而黃屑成焉。乃以浮灞載之，沿羅陽溪而下，售於廣、惠二州。凡為香條、香餅者，皆取給。其香以天生，而末以水成，不費筋力，又有溪流以輸運，真棲隱之幸也。予嘗以此溪為香客所往來，易名曰香溪，以與山中之藥市對。有詩云：『採香秋自香溪入，採藥春從藥市還。』又云：『七十二溪流水香，香隨流水出羅陽。山中水碓家家有，香末舂成即稻粱。』又云：『羅浮自是一香山，香使山人不得閒。一棹香溪販香去，香如塵土滿人間。』」

從上文可見，古人會以溪流的動力製作出自動運轉的水車，而水車的轉動讓石鎚上下舉動，舂碎香料變成粉末，再製作成香條狀的線香。而在香港，宋學鵬在〈香港地名考〉當中提及：「近年盛傳沙田之香粉寮一帶，清季光緒年間，仍有利用水碓舂香粉搓線香、長壽香等出售，當年曾至其地者，想能記憶及之。」[1] 根據馬鞍山民康促進會引述一九七九和八九年在地區報《新沙田》的專欄，表示過往由於瀝源所產的莞香品質極佳，皇室貴族也購買。當時的人利用城門河上游的水力推動香水車，把香料以及皮脆而有膠的香膠樹的皮和肉舂成粉，所以這個地方就稱為香粉寮。不過後來有一位外國人見到香粉寮山明水秀，故在此開立天體會，令當地一時熱鬧，後來一九三五年修建城門水塘，天體會搬離，再加上發生二戰，一切就隨之消逝了。[2、3] 香粉寮這段水碓香木成粉，製造線香塔香的歷史也被葉靈鳳於一九五八年出版的《香港方物志》的文章記載下來，而同時間也說大帽山腳下川龍村在他寫該文的時候仍然有很多大水磨、水碓。[4]

大家可能會問，難道當時所有香水車都是舂香港產的莞香嗎？這個又未必，大家可能忽略了當時香港的海上貿易也是非常繁盛，英治初期，香港販運外來的重要製香原料——檀香，數量是非常龐大的。一九八九年學者陳家恩在香港皇家亞洲學會學報中撰寫了一個筆者認為近代難能可貴的，專門研究香港傳統製香業的報告，引述了一八四六到一八四八年的《香港藍皮書》(*Hong Kong Blue Book*) 的數據，指出當時自一八四二年英人管治香港以後，成為了西方世界與東方世界，尤其跟中國內地貿易的一扇門，因此進口香木的數字上升，比如在一八四六年有一百三十一噸來自澳洲新南威爾斯州的檀香木進口（來自這裏的貨物總量是五百五十噸，檀香已佔四分之一，可見其量之多），十二噸來自廣東而五噸來自印尼的龍目島和巴厘島；而在一八四七年，來自澳洲新南威爾斯州的檀香木更加翻倍達至二百二十八噸。在一八四八年，香港出口到內地東岸地區的有四十八噸檀香木，運往廣州黃埔的有二十五桶（casks）檀香粉和三百一十八批（logs）檀香木，而往其他廣東地區則有一百四十四噸檀香木。[5] 據聞一九二零年成立的永利檀香莊早年也是從事檀香原木貿易為

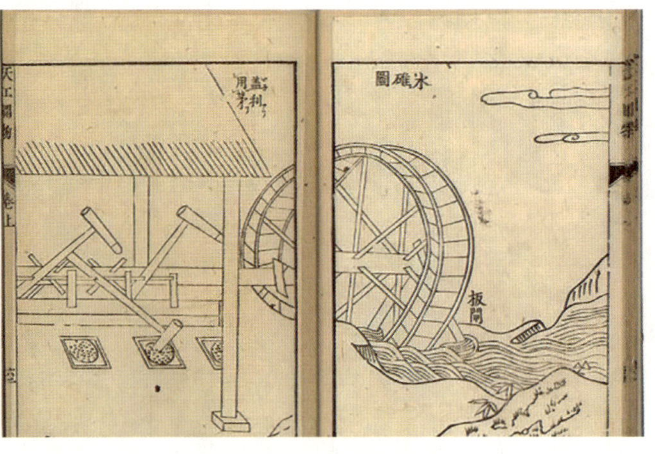

本莊還辦正式西藏貢香。味極純正。功能辟疫。
兼搜羅廣州，澳門，福州，廈門，正字號上等名香。東莞女兒香。崖州花釗香。安南茄楠
香。沉香。舊山貢檀香。原件織成藏梵，陀羅尼經被，名山念珠，澳門永吉號出品女眞
香，菩提心香，供佛香，本莊炮製燒香粉，塗香粉等。零沽批發。價格相宜。佛教四衆。
惠顧一律九折。再者各處香廠。欲在敝處推銷上等名香者。請賜函接洽爲荷。

香港廣鉅源出入口莊謹啓

地址高陞街三十七號
自動電話二四二四一

上｜明代《天工開物》的水碓圖

下｜廣鉅源出入口莊 1933 年在《海潮音》的廣告

主，五十年代才開始轉為售賣香品。而其中一家曾經很出名但是現已多年沒有經營的廣鉅源神香品牌，全名是香港廣鉅源出入口莊，在三十年代流行於內地各地以及香港的佛教期刊《海潮音》、《威音》、《人海燈》等刊登廣告，當中寫著「零沽批發東莞女兒香、厓州（海南）花刻、安南（越南）茄楠、舊山（印度）貢檀香」等，由於這些佛教期刊流行內地各地，而且其名為出入口莊，相信當年是有從香港批發香料往內地的貿易。而且筆者發現，此出入口莊也在《一九三三年香港華商總會年鑑》會員部分中出現，另外也有永誠信高陞街檀香行。

在《一九三三年香港華商總會年鑑》當中第七頁有介紹香港的檀香行業：「檀香木乃產於澳洲，港商購得後。用人工刨正之。然後運銷上海華北各省。其截出之零碎及木粉等。則運銷於粵。在二十年前。檀香木每擔約值銀十元。後陸續增加。今竟達三四十元矣。其增加原因。為檀香木越伐越遠。輸運不便。且年來工人生活程度續增。故價值乃有迭加。本港此業者。原有十餘家。後以景況不佳。至去年所餘者不過六家而已。至其所受之影響。則有下列各點：（一）因滙水之影響，每有虧折。（二）來價既昂。而神權又復冷淡。故銷路大在當時的分類，已經把檀香行列作一個獨立行業。

減。（三）內地增加洋貨稅。」此外，當年開始有神香業被記載在會員部分中，位於和興西街二十二號的永吉馨神香；而當年的檀香行負責商號是高陞街二十三號的廣盛昌和三十八號的永誠信。在一九三四年四月一日，《天光報》簡介了當時檀香業的情況：「當去年各行商業皆大鬧其不景氣之時，獨有一行商業迄而不為動，而且既有能獲利聞者，則檀香業也。在平常眼光觀之，際茲社會破除迷信之時，此業似已無足輕重，而不知其生意非別行所可能比擬者，查三十年前在本港檀香業拆家者約有十五六家，及後以種種原故，逐年遞減。現在計之，只餘五六家。據老於此業者言，檀香之在其出產各地，半屬野生半屬人工種植，其運來本港有如其他建造之杉木，蓋全屬原枝由樹斫下，至本港然後以斧分斫成種種莊頭，再擇其中之尤香者，假以種種名號，如檀檀、貢檀之類，其實當其在澳洲時，則統作香木一名而耳。現沽價目每擔約價值四十元，而其來價則以噸計，每噸所值不過三百餘元，利路之厚，實為別行所不及。其能不受不景氣影響之原因，據該業中人謂，一因來價堅定，沒甚起落，故商人能放量進貨。二因家數無多，而銷路則有一定，故亦易於籌算，今春來單似稍為冷淡，然亦不致即蒙影響，其銷路除華南各處外，華北去貨亦多，年中營業約值二百萬元云。」可見當年香港的檀香貿易是非常繁盛，從澳洲販運到內地各地，其利不菲。

當年的檀香運輸業是往昔一行重要的行業。而一九五三年一月二十六日李尚沛在《華僑日報》刊登〈香港檀香業狀況〉曾指出，在一九三零到四零年間，每月由香港輸出各類檀香曾達五千擔（約三百零二點四噸）。而陳家恩發現，隨著香港進口香木的數量增加，香水車的數量也隨之增加。所以陳氏推斷，可能把檀香木舂成粉是可以為再轉運上內地或其他地方帶來物流上的便利。[6] 而且也可能因為檀香行會把澳洲運來的檀香木刨正，那些餘料除了可以轉售上粵地，也可以在本地製香滿足本地需求，同時間越來越多的香水車生產更多香粉，從而開始有香莊出現。

除了澳洲檀香貿易，香港也是印度檀香的集散地。根據祥盛檀香扇莊第二代東主羅業強憶述，在五六十年代及以前，香港有很多印度商人向行家兜售印度檀香木，而梁永盛的第五代東主也表示他的爸爸也向印度商人購買了以桶計的印度檀香油。這些印度商人會從故鄉以各種方法把不得出口的檀香原木以及可以出口的檀香油運輸到香港作銷售。而後來八十年代，祥盛檀香扇莊第二代東主羅業強和爸爸羅志德已經親赴印度，在當地華商協助下參加當地政府的檀香木拍賣，買下一噸檀香木，創下當年第一個華人到當地拍賣購買到檀香木的事蹟，打斷了過往印度貿易公司在香港的印度檀香木壟斷。然後因為原木不能出口，所以會把原木雕成檀香雕花柱子（當作工藝品是合法出口，現行印度檀香木批發也依然是這樣處理）或者打粉再運回香港，深受香港同行歡迎。另外由於當年祥盛檀香扇莊製作檀香扇的過程——用線鋸鋸出花紋，會製造出很多檀香鋸口粉，也是深受同行歡迎。因為用機器打出來的檀香粉的溫度比較高，而用線鋸鋸檀香出來的粉末溫度很低，更能保留檀香的油分。可見同行不一定如敵國，誰拿到好料，同行間也會互相支持的，而且也不會和同行抬價，而據聞這個情況在西環的藥材批發也是同樣的，與當今的你爭我奪的商業模式不同。

當年依然以澳門為基地的百年老香莊陳聯馨和梁永馨的東主均表示，當年從澳洲運往香港的檀香木，由於澳門沒有國際大港口，也是從香港這邊運往他們澳門的廠房，而他們的廠房均自備電動粉碎機，把香港運來的澳洲檀香木或者越南沉香打成粉末製作香。此外梁永馨東主更表示，當年也會向集中在西環的藥材批發購買藥材碎料送回澳門廠房打粉，因為製香反正也是要把藥材打成粉末，而在藥材批發當中，藥材碎料因為較少要藥用的客源，所以

上｜在印度邁索爾，祥盛檀香扇莊創辦人羅志德（左）和當地華商（右）在拍賣得來的檀香木原材料前合影。（圖片提供：祥盛檀香扇莊）

下｜七十年代檀香扇工藝者正在用線鋸鋸檀香扇胚（圖片提供：祥盛檀香扇莊）

會便宜一點賣給製香的商號，從而兩家也能得其利。這也是說明了為什麼大部分製香的香莊都聚集在西環一帶。當然另外的原因是西環是當年華商的中心地區，方便和各路客人交流商談，所以當年這兩家澳門百年老香莊都在香港成立分部，方便和各地客人做貿易，處理貨物和原材料出入口等。

在歷史上最早見證香港地區有香水車的人，反而是外來的英國人。灣仔駱克道因他而命名的駱克爵士在一八九九年四月八日的《香港政府憲報》第五百四十四頁中提到：「荃灣附近有一家大型工廠，專門製造香粉，用來製作供奉偶像的香。這種粉末由香木製成，透過水車將其搗成粉末，其中六個水車正在運轉。雖然整個地方有大量的水可供用作水力推動，但這是我們唯一看到水用於生產目的的例子。」尖沙咀的彌敦道因他而命名的彌敦爵士在一九零五年的時候發現：「荃灣——每天有兩艘客船來往香港島及荃灣，平均每程載客人數約六十，運送的主要貨物是大米、菠蘿（合時令之時）與廿四個由水力驅動的檀木磨坊，位於荃灣區的各個山谷。」[7] 不過自二十年代到二戰的期間，隨著大型電動磨粉機的引入，當時的政府報告均有記載水力檀香磨坊數量持續下降，而曹公潭一帶的香水車大部分經營到五六十年代，便被電動磨粉機取締，而這一帶後來更因為一九七八年荃灣地鐵廠房的興建而消失。[8] 根據學者蔡思行二零一六年《戰後新界發展史》中指出，在香港梁永盛香莊早在清末已經在曹公潭設立水力檀香磨坊製作檀香粉，其後以電動磨粉機取代。[9] 而筆者親身到梁永盛香莊的九龍店訪問該店的第五代傳人梁炳培先生，他指出梁永盛香莊的創始人梁耀帖最初在曹公潭經營春香粉的生意，然後到了一八七二年才自設香莊，而他也憶述年幼的時候對於荃灣廠房依稀的印象。

剛才提到由於有電動磨粉機的出現，製粉產量大大提高，所以水力磨坊慢慢被取締。而幾位老香莊的前輩提及，有最出名的元朗八鄉成記磨房、合力磨房、荃灣黃英記磨坊等。當然時至今日，很多老字號的香廠已經在八九十年代遷至當時成本非常相宜的廣東省地區，而且檀香木在八九十年代也可以直接進口內地，成本便宜，因此這些本地磨坊也慢慢因為失去客戶而漸被淘汰。不過有趣的是，筆者訪問的老香莊中，大家對於成記磨房記憶最深。前輩們說，這個磨坊幾乎承接香港所有老字號香莊的香材粉碎訂單，而且有一個有趣的規矩，就是如果你給他一百斤原材料，不論打粉過程損耗多少，也只會給回九十二斤粉。而由於這

上｜荃灣的木輪香水車

下｜五十年代梁永盛香莊在曹公潭的磨坊，已經由水力推動改為電力，依然可看見水碓的柱子。（圖片來源：原圖最初發表於《香港皇家亞洲學會學報》第十九卷，經香港皇家亞洲學會許可，在此轉載。）

個不成文規矩，磨坊累積了很多香粉以及原材料，根據祥盛檀香扇莊的羅生羅太憶述，當時剩下未磨的檀香木放到整條街道都是。到後來成記在八九十年代不再營運的時候，幾個老香莊老闆都表示成記說過會把多了的香粉送給各老字號香莊，但實際上老字號香莊有沒有收到香粉，則各家眾說紛紜，頗為有趣。

清末到民國時期的香港香業

雖然說提起香港就會想起莞香，不過有趣的是，大部分在香港的傳統製香手藝人很多都是祖籍新會。而很多香港百年老字號的創始人也是新會人。比如剛才提過現存在香港創立的最古老的梁永盛香莊的創始人祖籍新會、始創於澳門而後來搬遷到香港的梁永馨香莊的創始人梁壽田是新會人；同樣是始創於澳門而後來搬遷到香港的陳聯馨香莊的創始人陳燕堂也是新會人。為什麼這麼多老香莊的創辦人都是祖籍新會呢？東莞地區產沉香出名，不過製香就是新會地區。黃培芳在道光二十年（公元一八四零年）的《新會縣志》卷二指出新會有以下名物：「香珠合沉檀等數十香粉而成，用白及膠杵之，範以式或雜入黑色、紫色、金銀數種，然不若原色，尤香也，汗透之，則香減較之。揚州價甚廉。串小香珠，一百二十粒，名曰念珠；串大香珠，十八粒，名曰十八子。又以五色顆顆織網罩之，復結之，以毬繫之，以牌如雜佩樣懸之帳外，芳香襲人，名曰帳毬，最稱綺麗，多以之貽新昏者……線香，用杉木屑、柑皮數種合成，以竹絲搓之，售之安南外國，惟香珠店製者名息香最佳……柑樹如橙……四五月落實，不堪食，暴乾為線香料。」由此可見，新會製香的技藝已經在過往歷史非常出名，而且更加外銷到越南等外國地方。

現在新會的搓香技藝（又稱挪香）是中國廣東省的省級非物質文化遺產（簡稱非遺），而神香製香技藝也被列入澳門非遺清單之中。唯獨以香而命名的香港，製香工藝依然未列入香港的非遺清單之中。而根據蔡佩玲在二零零九年的《澳門神香業》中指出，據《新會縣志》，早在明朝年間新會小岡鎮開始生產香，有六百年歷史。[10] 根據江門市文化廣電旅遊體育局的資料顯示，早在明代初期，新會南水村戴氏村婦開始嘗試用木屑（助燃）、新會陳皮、桂皮和潺槁葉等植物，研碎攪拌製作香料，利用當地盛產的竹子製作香骨，反覆搓揉，研製成香；戴氏家族很多婦女加入製香的行列，形成了戴氏搓香技藝。周邊其他家族紛紛學習戴氏搓香技藝，形成了男種田、女搓香的生產分工。[11] 而根據新會區文化館總館引述戴柏靈整理的《天台鄉香業史》，清代到民初時期，通曉搓香技藝的新會天台鄉人在佛山、廣州、上海等地生產線香。[12] 所以這些學會家鄉製香技藝的新會人去到不同地方，尤其是港澳等對外貿易特別緊密的地方之後，他們很多都會重操故業，將新會的製香技藝帶到港澳地區。至於盛產沉香的東莞、新安縣，他們的沉香何時開始與新會縣的製香重地成為一個廣府製香產業鏈，縣間互動是如何，可能礙於是純粹民間作業模式，而且各縣志各自描述縣內的事情，所以當中互相合作並且銷售到外地的情況就不多有文獻記載。而時到當今之世，學者大多是專注於單一地方與香關聯的研究，廣府內跨地域的研究似乎並未出現。不過如前所述，清末之時，很多新會人已經在港澳地區創立香廠，而很有幸香港仍有三家清末成立的香莊在經營中，比如澳門的陳聯馨（光緒三年，一八七七年；現在已經遷往香港）及梁永馨（同是光緒年間但後於陳聯馨）；而香港則有梁永盛（一八七二年）。根據陳家恩一九八九年的研究，發現早在一八五五年的《香港藍皮書》已經把神香獨立分類在統計中。[13] 在軒尼詩爵士一八八一年的統計調查中，香港的檀香貿易以及工人等從業員從一八八零年的七十四人增加到一八八一年的七十六人。[14]

在滿清消亡，民國建立之後，國勢未穩而很快又在一九二五年發生省港大罷工，很多在香港的人因為反對英國殖民主義在內地的欺壓不公，因而離開英治香港回到廣州，繼而影響香港各行各業。不過似乎並沒有對香港香業有太大影響。根據《工商日報》在一九二七年二月五日報道香港香業行的情況：「神權一物，年來已見衰落，乃自前歲發生工潮後，華人住戶，多遷返廣州內地，雖然處工潮期內，神香來源短絀，其存有舊貨者，又太高價格而沽，惟是生意極少入門，亦不足以彌補，迨至去歲交通恢復後，尚有數月始達年關，上稍可補救，不致虧折，亦云幸矣。」

在二戰抗日時期，由於各地飽受戰火牽連，跨地貿易當然是遇到嚴重障礙。根據《一九三七年香港華商總會年鑑》第六頁記載，當年的檀香行「店號有五家，來貨自澳洲，銷貨往上海，而轉銷於各省，本年兵災其重，大遭損失」，而在此書中發現在皇后大道西一五二號的梁永盛（香莊）榜上有名。根據一九三七年十一月二十日的《工商日報》

記載（當時日軍已經攻克上海及華北地區），此報有特設籌賑處支援保衛家園的資金，當中寫道：「本報籌賑處昨（十九）日收到各界捐款，計開梁永盛線香店男女職工捐薪第二期共一百零八元三毫。」而當時的掌管梁則之，被《工商日報》在一九四一年七月十七日的報道中寫道：「愛國僑胞踴躍捐輸賑難，梁則之慷慨捐國幣一千元，托本報籌賑處匯呈中央。」可見當時香港各行各業團結起來反抗日本軍國主義的入侵，而神香業同仁亦不例外。在香港日治時期，香港的香業如同其他行業一樣大受打擊，很多工廠停業，而部分轉移內地。而且香並非生活必需品，故而少有人有閒時和錢購買此等品類。[15]

香港從日本軍國主義光復以後國共內戰又起，根據《一九四六年香港年報》第四十二頁描述：「中印半島原本是神香生產的主要市場，但是因為內亂而受到嚴重影響。」一九四七年五月廣東

七十年代製香工藝者在廠內搓香的情況（圖片提供：祥盛檀香扇莊）

省因雨成災害，香港各界熱烈發起籌賑水災。《華僑日報》在一九四七年七月六日報道梁則之為首的港九香業商會籌募捐款情況；「港九香業商會成績：港九香業商會籌賑水災捐款列表如下：梁永盛五百元，梁先中一百八十九元，□（編註：原文字無法辨識，以「□」表示，下同）溥一百四十元。戴儉一百二十元，廣萬祥一百元，慶莊齋一百元，廣□行六十五元。洪大川，泰生隆，陳聯馨，梁奕芝，梁奕華，廣尚福，以上各五十元。萬家緣四十五元。梁兆儀四十元。林其馨，永馨祥，廣鉅源，以上各卌元。百福祥廿伍元。梁炳新，永德祥，國天香，永興祥，以上各貳拾元。生記祥，廣永盛，朱芳，廣泰馨，萬福祥，聯永馨，以上各十五元。源棧，長春園，龍三記，六記，生昌，廣祥馨，中環永禎祥，陳留馨，陳晚成，天福樓，李祥馨，德和，敬心棧，黃福甘，靄蘭馨，廣永馨，新建國，陳福馨，泰馨，永生祥，梁蘭馨，吳紫雲，有名氏，以上各一千元。中興和，蘇師奶，紅芳，兆家緣，永□，□三記，李就記，吳英蘭，□鴻，永福馨，以上各五元。又邱群，陳渠各五元。永祥棧，□記，戴源，戴扁仔，以上各三元。李齊，李台□各二元。以上共銀二千五百元。」以上共七十個名號，雖然夾雜人名，並且因為原文古老看不清，不過難得可以見到很多香業商號或人物。陳家恩一九八九年的研究引述《一九四九年香港華商總會年鑑》中描述了香業商會的貿易情況：

「從今年年初開始，該行業就進入了去年延續下來的淡季。造成這種停滯的原因是安南等南太平洋國家的政治不穩定，這些國家對進口實行嚴格的配額。結果，香的出口額急劇下降，不到戰前的百分之四十。而且本地的銷售情況也不盡人意。至今，除了梁永盛、梁永馨、大生隆（Tai Sang Loong 音譯）等老字號尚且生意良好外，其餘香廠均處於勉強維持的狀態。統計工廠總數約一百五十家，總銷售額不到兩百萬港元。」

中華人民共和國成立之後的香業大變革

到了五十年代，由於中華人民共和國成立，是當代華人社會的大變革，香業在廣東地區也發展出和二戰前完全不同的情況。當時內地政府為了破除封建迷信，對宗教相關產業予以限制。根據《工商日報》在一九五零年十月十六日的報道：「廣東自易手後，一般經營迷信商品商業，已漸趨沒落。在吾粵百業凋零下，與迷信品有關之商業，不但無法抬頭，而且走向下坡。所謂迷信品商業，如香燭業、紮作紙品業、元寶業、金□□紅業等，各迷信業之中，則以香業最為悲慘，只就穗市方面計之，易手前香業商店之較著名者，有永泰祥、永馨、心心齋、天齊齋等香店九十三家，製香工人在二百五十餘人以上，至本年三月，相關歇業成轉業者外，尚有五十八家，但至現在，只得二十八家，現在之失業製香工人，除轉業者外，仍有三五人合夥在郊外租木屋合作，幹其原有之製香生活，將製成之香，輪值挑往市內住宅區販賣，以維持其可能生活。但彼等雖通力合作，而一般市民，購買力甚弱，每天欲維持一粥一飯，亦不可得。尚有何餘資購買迷信品，現在年近歲晚，旺季來臨，但基於共方對於寺觀廟宇之嚴格管制，預料旺季時期，亦難有起色，而共方以香業日趨沒落，則反認為社會好現象。」

《華僑日報》一九五一年六月二十五日報道：「查香業全行計香竹，香粉，造香共有男女工人二千餘名，以佛山為最多。現稅局抽薰香稅外（成香稅值百抽八份之八十），縣府又頒佈新例，凡搓香工人每人每月抽稅十八萬，開工前須先行報知就近政府，方得搓香，並定□年一月不發香業拍牌，各香粉店亦須登記存貨，買入沽出，須報政府。現香店因營業虧本過巨，比未解放前約減少百分之六十。」

建國初期到「文革」開始之前，漸漸廢除私有制度改為集體制度的時候，依然有集體製作的香出口，而當時因為要避免被批評是封建迷信，根據陳聯馨東主憶述，出口的香都是當作用來引火的香（比如用作燃點炮仗、魚爆等用途）而非當作神香銷售，因此這些只是粗香，質量強差人意，而且所有銷售和購買者都需要在廣州交易會登記。故此在當時，大量從事香業相關工藝者大舉南下到港澳地區維持生計，而根據陳家恩一九八九年的研究，發現五十年代和以後時間的當業工人近八成來自新會，而且也姓戴，此外還有一些東莞人，這些人也是非常有經驗的製香工藝者。[16] 而在筆者中學時期其中一家常光顧的天寶香莊（或另有商標為有利香莊）的創始人也是在中華人民共和國成立之時來到香港，而且也是姓戴，不過舖頭營業直到第二代東主戴可明的時候，因為香業蕭條，在二零一四年決定結業，筆者知道此事後即電郵各報館訪問之，至今幸能參看當年《東方日報》的報道。

根據陳家恩一九八九年的研究，其指出一般香港製香廠都會提供膳食住宿等福利，所以製香業對於五十年代南渡新來港人生路不熟的工人非常有吸引力。有一些單純是親戚朋友介紹而得到工作。工錢方面，一般是根據產量而計算，允許工人有高度的自由性。[17] 而筆者訪問多位香港百年老字號的香莊東主，均表示當年的確是提供工人膳食和住宿，主要是因為當年南渡香港的工人大部分都是身無分文，故此，如果需要聘用這些新來港的廉價勞動力，就必須要為他們提供這些基本安身條件。不過有趣的是，可能受內地的勞工運動影響，五十年代，除了有之前提及過的資方港九香業商會之外，還有代表勞工方面的線香業職工會。根據《華僑日報》在一九五二年七月四日和二十二日的報道，指出淋香部工友因米糧增值工資微薄故而難以維持最基本的生活，僑港線香共和職工會代為請求港九香業商會調整工資，但未達成共識而尋找勞工處介入，而工會內亦發起捐米活動以支援該工會被解僱的工友。由此可見，在五十年代，香港的香業已經發展到要組成資方的商會以及製香工友的職工會組織，而根據報道，職工會的第十次全體會員臨時大會有一百五十餘人出席。

除了工運之外，在五十年代的大事件，就是石硤尾大火，讓很多人無家可歸。在一九五三年十二月三十日，《華僑日報》報道港九香業商會理事長楊世榮和梁則之召開會員大會，邀請會員和友好商店勸捐以救濟火災。可見當年的香業商會關心社會，有任何事情都會出錢出力。當年的社會也許還沒有完善的社會福利政策，所以一般依賴商人行善。而有關商會的規模，當年《華僑日報》在一九五六年九月二十七日報道商會在酒家舉行燃燈先師寶誕及同人聯歡沿海會，約有三百人參加。一九六一年九月二十八日的《華僑日報》亦有報道指，商會在酒家慶祝燃燈先師寶誕，參加者數百筵開二十餘席。可見神香業以燃燈佛為祖師，並且會賀誕與同業聯誼，凸顯當年神香業的互助精神。

在貿易方面，五六十年代，由於中華人民共和國成立後的商業營運模式和破除傳統迷信思想的風氣盛行，神香被視為封建迷信，所以神香業在內地的貿易、生產和使用完全被禁止，尤其是在「文革」期間。[18、19] 而香港和澳門的神香業雖然失去了內地的市場，不過同時間，肩負了一個非常重要的使命，就是傳承廣東傳統香文化，以及支撐起了當時海外華僑（尤其是廣東華僑）對於神香的需求，成為了當時全球海外廣東華僑最主要的神香生產

2014 年攝，現已結束營業的天寶香莊內情況。

地。香港更成為了當時全球海外廣東華僑神香唯一的出口地，真真正正名副其實成為了海外華僑的「香港」。根據一九五五年三月六日《華僑日報》的報道，澳門神香業入春後甚為忙碌，把成品運往香港，再交予聯號或洋莊轉寄南洋，銷途頗暢，所以工人加開夜，生活好轉少有轉行，而且不少新人加入學習以博工資；另外文中提到甚至有港商到澳門設廠，因為澳門成本比起香港更低之故。港澳的香在南洋等地方非常暢銷，筆者發現梁永盛的藥材香線香（竹篾香）有越南文和泰文，於是問了梁永盛第五代的梁炳培先生，他說這些藥材香在南洋地區非常熱賣，所以會寫有泰文和越南文，方便當地華人後裔辨識。可見香港的香產業是多麼輝煌，香港的香成為了香港馳名海外的名物。根據陳家恩在一九八九年的研究中引述一九六零到六九年香港職工會統計年報的資料，製香工人從二百八十二人上升到三百四十四人，而根據統計署在一九六八年到一九七八年的數字，出口從二萬二千六百九十三公斤線香上升到一百四十五萬七千六百二十五公斤，達百分之六十四點二三的增幅，而當中主要是價錢較為經濟實惠的款式。隨著經濟改善，七十年代的生產轉移為更高質量的。[20]

到了七十年代，香港神香業又進入了一個新階段。儘管剛剛提到一九六八到七八年十年期間的出口數字大大增加，不過香港製香業的生產和銷售情況出現了重大改變。首先是當年五十年代南渡香港的製香技藝者已經漸漸老去，而且由於每天辛勞地製香餬口，導致身體過度疲勞而勞損，再加上可能家裏的下一代已經開始擔得起經濟負擔，所以這些製香技藝者開始因為健康理由或者經濟得到了改善而不再從事這個辛勞而收入不太可觀的工作。據梁永馨東主憶述，當年很多製香技藝者到四五十歲已經說要退休了，而都是剛才說到的健康問題和經濟改善的緣故。因此七十年代出現了製香技藝青黃不接的問題。從浸會學院新聞系的《新報人》在一九七三年的訪問中可見，很多香業商店表示非常缺乏年輕的製香技藝者入行，導致行業面臨困境，而當中接受訪問的在梁永盛做了三十多年的經理鄭志（Chang Chi 的音譯）表示，當年只剩下三十六位製香工人，而五年前曾經達六百位；另外一位從事製香行業超過二十年的婆婆梁琴（Leung Kim 的音譯）表示，由於人工不高、工作環境不佳等原因，很多年輕人情願去其他行業的工廠工作，因為覺得比較有前途和人工較好；以前是在九龍城的香莊老闆鄺慕言（Kwong Mo-yin 的音譯）則表示當時的人對於祖先崇拜和信仰的熱誠減退，更開始認為祭祀與山火及環境污染息息相關。[21]

除了本地的憂患之外，到了七十年代末年，由於內地四人幫集團瓦解之後，中央領導層提出改革開放，因此內地提供了比香港和澳門便宜更多的土地和廉價勞動力，吸引港澳廠商回廣東省投資。加上內地製香業開始復業，八九十年代很多港澳製香廠搬到內地生產，本地生產慢慢被內地生產完全替代。根據《工商晚報》在一九七八年二月六日的報道：「中共已悄然恢復運香燭來港，以往，中共禁止造香，因為係迷信物品。但邇來僑商部自大陸輸入不少，使本港香業已感受打擊。根據說，去年為首十一個月，入口大陸香值四百五十萬元。同時，大陸出口每斤比港產平七毫。」而在一九八零年五月二十一日，《工商晚報》以標題「曾盛極一時的檀香業，現已前景堪虞」報道香港香業沒落的情況，當中提及時人傳統信仰不再，越戰前開設於香港的檀香廠號達數十而製香技藝者逾千五且分工細緻，比如開料、製香、雕剛貫香身上各種花紋及檀香香爐等，而商品貨色均使用檀香作原料；報道刊登時檀香店只剩下兩三間。此外也有提到香港的檀香扇製造業，過往是人工鋸花打磨，但是隨著工藝技術、工資提高，為求效率和節省成本，改為用電機開片，用機器壓出扇面花紋和抛光，不過不及過往的有神韻。隨著一般女士對檀香扇的興趣日漸減弱，檀香扇內外銷也與香業一樣無法好轉。另一方面，南洋地區曾經是香港香業重要的出口地，但是隨著時代進步，南洋華僑因應需求的增加和經濟改善，紛紛在當地自設香廠，慢慢不再依賴香港進口，又或者可從其他較不出名的內地香廠取得更便宜的貨，導致香港的香銷路再受打擊。隨著工藝師傅們老去，無人入行，加上工廠北移、移風易俗等等，人們對香港的印象漸漸和香脫鉤，繼而只是想起國際金融中心和曾經叱咤風雲的地產業。

不過世事總是難料。千禧以後，內地經濟崛起，人民生活水平大有改善，對於自己的傳統文化重新生起熱情，重現中華民族偉大復興的歷史潮流。因此內地的香道文化產業再次興起，而且比起相對崇尚外來文化的香港民眾更加熱心。沉香從以往五六十年代無人問津變成可比黃金的潮流商品，炒賣成風，故此香港開始出現野生土沉香被大肆非法砍伐之情況，而內地野生沉香的資源亦已乾涸。如今，香港是中國最後一個有野生土沉香樹的地方。經過很多本地土沉香保育人士大力推廣，與政府商談及提供資料共商對策，並在大眾傳媒中廣泛宣揚報道之後，香港才再次被憶起曾幾何時是因為販運及種植沉香而命名。筆者曾隨其他土沉香保育人士在二零一六年和二零一八年於立法會發表意見，希望政府重視及予以對策。儘管政府致力打擊非法砍伐和走私野生沉香，而且香港人民對於保育野生土沉香樹的意識提高了很多，但由於內地有價有市，亦依然難逃非法人士的貪婪之心。如今一般行山之徑難以復見，大概只有深山無人之境尚有少量得以逃離劫難。由於野生沉香現在非常罕見，大眾一開始對保育野生土沉香充滿熱情，事到如今已經很少有人提及。

有趣的是，八九十年代香港民眾失去傳統信仰後，卻在近七八年興起一種新式針對心靈和靈性修養的熱潮。近十年，隨著亞洲的經濟起飛，外國對於古老而神秘的東方文化產生強烈興趣，比如印度瑜伽、禪修打坐、中醫藥和針灸、日本靈氣治療方法等成為歐美國家的新熱潮。這些外國人吸收了古老的東方文化智慧，再加以改造、精簡，形成現在非常流行的新心靈、新紀元運動。由於他們很注重個人心靈的淨化以及更高層次的修為，開

七十年代檀香扇工藝者正在製作檀香扇的情況（圖片提供：祥盛檀香扇莊）

始對於香這種來自大自然的香薰方法重新提起興趣。比如他們相信焚香能夠淨化空間，去除不良的氛圍，亦能夠淨化現代人煩擾紛亂高壓力的心靈等。因此香成為了新一代對傳統信仰沒太大興趣而對於大自然各種療癒方法產生興趣的人的新式潮流用品。歐美人在秘魯美洲、薩滿等的傳統儀式中吸納了的聖木和鼠尾草，近年成為薰香界的大熱。西方的薰香模式，比如使用天然精油更是上班一族其中一個熱門的學習焦點。香港曾經種植沉香、生產神香等過往輝煌事蹟似乎並沒有因此而使大眾憶起。不過當然，隨著這些西方傳入的薰香模式過度氾濫，也許部分人會忽然想起香港之名是因香而命名。而且在內地的香文化非常興盛，透過小紅書、抖音等平台傳到國外之後，香港人或許才會再次對於傳統香文化產生更多的興趣。

筆者十多年前和很多香莊東主傾談，到現在再和他們傾談，是不難發現，這些老香莊再次成為了一些年輕人探求天然香氣的地方，為香業前輩帶來一絲希望。不過始終香薰對於香的需求是遠遠不及過往祭祀對於香的需求厲害，畢竟香薰是看心情燃點，而祭祀是每天早晚多支燃點，是不能相提並論的。而且雖然外國興起東方的薰香模式，但在香港的老香莊似乎受惠不多，很多本地品牌有生產品質優良的香，卻無人問津。反而是鄰近地區的香，比如日本香和印度香大受年輕一代青睞。儘管當中良莠不齊，很多都是香精香，不過潮流驅使以及一般香港民眾對於香的知識不多，所以覺得「外國的就是好的」。筆者在訪問老香莊的時候，很多東主都表示費解，為什麼他們很努力造了這麼多年好香，價錢實惠，而且上品者根本比起很多外國的更加好，依然無人問津，相反外國的香有部分只有包裝，沒有內涵的卻受人追捧，難道現在的人真的只看表面？過往老香莊的香包裝精簡低調，這般有麝自然香的銷售方法似乎已經不再奏效。現在非常流行的日本香文化，主要是隨唐文化一併帶到日本，而日本對於來自唐宋明代的文化都是非常珍惜的。而且日本沒有太多藥材香料，大多都是自中國地方以及其他路途遙遠的東南亞地方購入，因此對香文化非常珍視。相反我們作為他們曾經的學習對象，卻毫不在意。香港是過往中藥材、香料其中一個最重要的出入口港，到今日香港香料藥材行依然林立，所銷售的藥材、香料的等級也是世界頂級的，所以很多外國人、海外華僑都會來港選購。不過香港本地民眾似乎習慣了，不覺得是什麼珍稀。所謂遠水不能救近火，香港的香業必須要得到本地人的支持，把香文化融入生活中，成為生活習慣，才能得到長久發展。

很多老香莊東主告知筆者，曾經有很多外國人找他們特別定製香品，比如歐美的客人喜歡定製加入精油香水的香，而日本人會定製玉香（沒有香骨的線香）。而且日本著名線香品牌——日本香堂可能視香港為重要的香料藥材集中地，所以曾在黃竹坑設廠，直到大約十年前才撤離。可見對外國人來說，香港這個地方和這個地方的香業都是值得信賴的。筆者在訪問陳聯馨的東主時，他拿出來自澳洲的訂單——一個購買幾十箱香的訂單，證明了香港老字號香莊依然非常受海外人士歡迎。只是我們本地人長久以來都是向外看，所以忽略了這個東方之珠有什麼優勢與名產。不過近十年來香港民眾對於本地文化越加重視，再加上新型的香薰文化開始形成，越來越多人重新認識和接觸香文化。筆者這些年來也四處宣揚傳統香文化的好處以及香港昔日香業光輝的歷史，希望得到更多本地人關注和重視。

筆者在 2025 年 4 月被邀請到香港都會大學演講，題目是「香港香業的前景問題」。

古時文人雅士除了焚香禮佛，也會用作日常香薰，此傳統已有幾千年歷史，希望今人能夠把昔日種種光輝事蹟，以及過去歷代製香技藝者一代一代的用心傳承到今日，以至下一代，再次在這個因香而命名的地方發光發亮。此時此刻，香港製香技藝還未被列入香港非物質文化遺產清單之中，可見政府也沒有多加支持香港傳統製香行業。政府常常宣說我們要說好香港的故事，香港的香豈不是香港最好的故事嗎？本地的傳統文化和產業是需要本地人支持才能長久下去的，希望更多人認識之後，除去那些不好的刻板印象，再讓香港馨香處處，從而把香港以香為名的光輝歷史宣揚出去，讓香港的香再次成為香港的手信！今日的時事是他日的歷史，希望香港的香，他日有更好的事情，可以被記載下來，讓後人可以娓娓道來香港和香的千年奇緣。

日本香堂曾在港設廠，圖為在香港製造的線香。

註釋

1 黎晉偉主編（1948）。香港百年史。頁六八。

2 馬鞍山民安促進會。源流與香木。於二零二五年三月三十一日擷取自 https://mos.hk/shatin/10/20/49

3 馬鞍山民安促進會。全港第一個天體場地香粉寮。於二零二五年三月三十一日擷取自 https://mos.hk/shatin/10/18/28

4 葉靈鳳（1958）。香港方物志。中華書局。頁二一。

5 Yan, C. K. (1989). Joss Stick Manufacturing: A Study of a Traditional Industry in Hong Kong. *Journal of the Hong Kong Branch of the Royal Asiatic Society*, 29, 98. http://www.jstor.org/stable/23890815

6 Yan, C. K. (1989). Joss Stick Manufacturing: A Study of a Traditional Industry in Hong Kong. 100.

7 Hayes, J. (1976). Sandal Wood Mills at Tsun Wan. *Journal of the Hong Kong Branch of the Royal Asiatic Society*, 16, 282–283. http://www.jstor.org/stable/23886758

8 Yan, C. K. (1989). Joss Stick Manufacturing: A Study of a Traditional Industry in Hong Kong. 99.

9 蔡思行（2016）。戰後新界發展史。中華書局。頁一一七至一一八。

10 蔡佩玲（2009）。澳門神香業。三聯書店（香港）有限公司。導言，頁三。

11 江門市文化廣電旅遊體育局（2023年11月15日）。小岡，真香！於二零二五年三月三十一日擷取自 https://www.jiangmen.gov.cn/bmpd/jmswhgdlytyj/zwgk/gzdt/content/post_2976339.html

12 新會區文化館總館。小岡香。於二零二五年三月三十一日擷取自 https://www.xhqwhg.cn/wpc/view.php?id=501

13 Yan, C. K. (1989). Joss Stick Manufacturing: A Study of a Traditional Industry in Hong Kong. 101.

14 Hennessy, J. P. (1881). Address of Governor Sir John Pope Hennessy, K.C.M.G., on the Census Returns and the Progress of Hong Kong. *Hong Kong Adminstrative Reports*, 2. https://digitalrepository.lib.hku.hk/catalog/vq285022h#?c=&m=&s=&cv=&xywh=-2689%2C-1272%2C7176%2C3355

15 Yan, C. K. (1989). Joss Stick Manufacturing: A Study of a Traditional Industry in Hong Kong. 102.

16 Yan, C. K. (1989). Joss Stick Manufacturing: A Study of a Traditional Industry in Hong Kong. 103.

17 Yan, C. K. (1989). Joss Stick Manufacturing: A Study of a Traditional Industry in Hong Kong. 103.

18 Yan, C. K. (1989). Joss Stick Manufacturing: A Study of a Traditional Industry in Hong Kong. 104.

19 新會區文化館總館。小岡香。於二零二五年三月三十一日擷取自 https://www.xhqwhg.cn/wpc/view.php?id=501

20 Yan, C. K. (1989). Joss Stick Manufacturing: A Study of a Traditional Industry in Hong Kong. 104.

21 Joss-stick making industry faces crisis of extinction.(1973, October 15). *The Young Reporter*, 06(01), 6. https://sys01.lib.hkbu.edu.hk/bujspa/purl.php?&did=bujspa0012054

記
盖
廣鉅源
廣鉅源
富貴菩提香

第三章：

香港老香舖簡介

梁永盛香莊：

香港現存本地創立最久的百年老字號

梁永盛香莊是已知的最古老而且屹立至今的香港本地神香品牌。梁永盛香莊由祖籍新會的梁耀帖在清末一八七二年成立。而在香莊成立之前，梁公早已在荃灣曹公潭經營香水車磨坊，從事舂香粉的業務。到第三代傳人梁則之接手以後，香莊生意得到擴展，除了在曹公潭磨坊之外，也在荃灣、屯門、藍地、大角咀、石排灣以及過往的西環總舖的六樓和天台生產香。而梁則之更曾擔任港九香業商會的理事長，在二戰時以及香港天災之時，熱心公益，捐助救濟，而在一九六四年三月六日，《華僑日報》更刊登其三子梁金本結婚的喜訊，並且稱梁則之為本港殷商。其後第四代傳至梁金匯，然後在一九九四年再傳到當今第五代的東主梁炳培。皇后大道西一五二號的老舖自二三十年代已經存在，到二零一四年重建以後，如今只剩下九龍上海街分店，而廠房如今則已搬到了其家族的故鄉新會繼續生產。在香港最高峰之時，根據浸會學院新聞系的《新報人》在一九七三年的訪問，梁永盛在港的廠房的製香者曾經高達六百人之多。梁永盛香莊旗下還有梁永寧品牌（此牌匾曾在西環老舖懸掛），主要於南洋地方（新加坡、馬來西亞等地）做銷售，產品的封面上也印有泰文和越南文，而在香港本地則不見梁永寧品牌。

九龍分店在六十年代是在上海街三三四號的，因為當時在臨近海邊的上海街一帶比較多蜑家人（水上人）居住。由於他們從事漁業，經常要出海，有一定的危險性，所以非常注重祭祀，對於香的需求非常大。為了方便客人，梁永盛便在九龍開設分店，而後來遷到現址上海街三六九號。也是這個原因，很多其他香莊都在上海街開店。在千禧之初，梁永盛年銷一百五十噸香，年銷一千萬。本地名剎，如寶蓮寺和志蓮淨苑都曾指定用該店的香，而且遠銷到海外華僑聚居的地方如新加坡、馬來西亞、泰國、越南還有美國和法國等地。此外，名家蔡瀾也有光顧梁永盛，並且為之在二零一零年撰寫〈焚香〉一文，讚賞梁永盛的龍涎烏沉玉香。[1] 有趣的是，筆者早在十一年前已經慕名而拜訪，買了一些香並拍照放到網上社交平台上，然後就有兩位外國華僑後裔，一位來自新加坡，一位來自美國，告訴我他們的媽媽過往也是用這個品牌的香拜祭祖先，如今他們的媽媽不在了，他們很想找回這些香去拜祭，因為香味彷彿能讓他們和媽媽以及祖先再次連結。可見梁永盛名香受到海外華裔的歡迎。

梁永盛名香，除了有名的真料貢檀息香之外，還有一些特別的香，比如稱為茄楠香的藥材香、紅色的硃砂香以及稱為龍涎香的沉香線香。

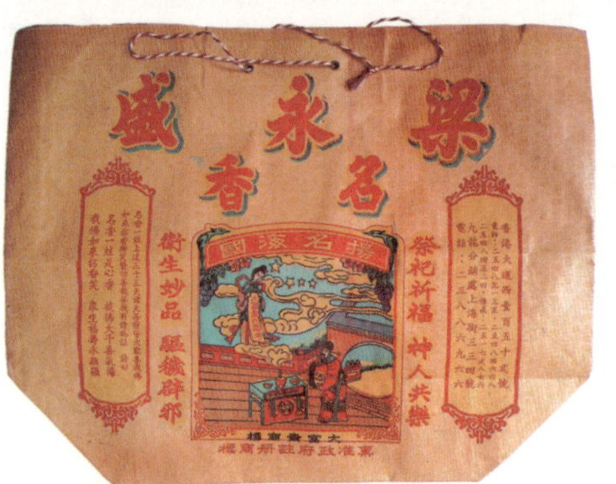

上｜第五代東主梁炳培

中｜過百年梁永盛牌匾

下｜六七十年代的梁永盛雞皮紙購物袋

所謂貢檀息香，就是上等檀香製作而成的好香。梁炳培先生（下稱梁生）很熱情地為筆者介紹過往他們的印度貢檀香。梁生表示以前他也不明白他們的貢檀為什麼會這麼香，後來他知道了原來他爸爸除了會用印度貢檀造香，還會加入天然印度貢檀精油。所以他們的貢檀香是比一般只是用貢檀製作的香更香。由於過往的印度檀香精油並不算太貴，梁永盛上幾代的人都會加入印度檀香精油，精心製作出這些雙料的貢檀香，務求讓客人稱心滿意。梁生又熱情地燃點這些雙料貢檀香的玉香，真的比一般貢檀香更加濃郁而醇厚，燃點一支便已經讓整間店彌漫著上等印度檀香的香氣，令人非常難忘。

「息香」並不是指加了安息香，而是「好香」的意思，亦代表了「訊息」的意思。焚香往昔多用作敬神，上好品質的香可以把禱告送達上蒼，神人共樂。不過現在由於印度貢檀非常貴，貢檀息香線香一般會使用上好的澳洲檀香為主，以平衡價格和味道。

所謂的茄楠香，梁永盛、陳聯馨、梁永馨均有之，其實所指的不是沉香中最高級的奇楠，而是一種多種藥材混合而成的藥材香。因為奇楠是所知道的沉香中最高級的名稱，所以當時的香莊喜歡以此名來稱呼自己的藥材香。而這藥材香據聞深受南洋礦工歡迎，因為可以驅除

左｜梁永盛名香，由左起分別是貢品龍涎香、真料貢檀息香（招紙上印有第三代東主梁則之相片）、真料貢檀原色香、貢品龍涎茄楠香和招紙寫有越南文和泰文的藥材線香。

右｜在南洋地區印有梁永寧商標的藥材香線香

下｜印刷精美的茄楠香包裝

蚊蟲以及濕溫病氣等。梁生表示，梁永盛在一八九四年鼠疫橫行的時候製造了這種藥材香，後來在非典型肺炎肆虐香港的時候，再加入一些健肺的藥材，比如甘草、薄荷、丁香、連翹、蒼朮、川芎、白芷、甘松、花椒、獨活等十八樣藥材，以供大眾除炎除菌。後來再加入了有效驅蚊的艾草和香茅等。可以說隨著社會的需要，從而度身訂造合適的天然藥材香。

硃砂香也是頗為有趣的，與一般老人家覺得是金色的黃色顏色不同，硃砂香是紅色的。梁生說，過往是真的用硃砂染色的，不過由於現在被定義為毒藥，所以改了用其他色粉。而這種紅色香特別受到潮汕人的喜歡，因為其紅色有吉祥之意，潮汕人會在祈福之時燃點。據聞顏色是有意思的，有些人說黑色的是超幽用，紅色能招財等，因此香莊也因應客人的喜好而加上不同的顏色。不過今人普遍擔心色粉影響健康，所以梁永盛也有原色香供關心健康的客人選購。

而稱為龍涎香的線香，梁生說，過往他們的確會加龍涎香油。龍涎香其實就是抹香鯨吃了海底巨型烏賊之後無法消化的部分，然後在海上漂浮一段時間而形成的物質。龍涎香有極佳的定香功能，很多歐美香水廠至今仍極力追求。不過隨著抹香鯨因為海洋污染和人類過

左｜梁生因應客人要求最新特製的驅除蚊蟲的草藥塔香

右｜六七十年代的梁永盛金屬罐裝塔香包裝

下｜六七十年代的梁永盛散裝香包裝紙

度獵殺而越來越少，龍涎香如今的價值遠遠超過黃金。梁生拿出他們過往的有加入龍涎香油的龍涎香線香並燃點，筆者仔細聞了聞，的確在沉香韻調之後，從咽喉中生出一種回甘的甜味，令人著迷不已。可惜由於現在龍涎香油太過昂貴，一般客人不會肯購買，所以現在的龍涎香線香就是單純的沉香了。

另外，梁生也特意為筆者燃點往昔上好的越南沉香，油分極佳部分位置深至黑色，燃點起來味道極甜而有韻，是現在不容易找到的上等貨。

2014 年，梁永盛皇后大道西老舖。

永利檀香莊：香港創立的百年老字號

永利檀香莊和其他香莊不同，當初於一九二零年在香港成立的時候，並非銷售香品，而是從事香港曾經盛極一時的原檀香木和沉香跨地域貿易的。一九四九年後，檀香木跨地域貿易不再如前興盛，因此在五十年代原東主就交由十多歲已經在永利檀香莊工作，現存行業中最年長的前輩，現在九十多歲的第二代東主阮華打理，並且改為製作沉香、檀香等香品零售至今。現在業務主要由第三代東主阮建中管理，並且將植根香港的業務擴展到內地，在北京、上海、哈爾濱等地均有其分店，可謂在內地擴展業務最廣的香港香業老字號。香港店舖最初在高陞街，其後在皇后大道西六十一號以及在上海街四零九到四一一號，後來再搬到現址上海街四三四號。而如今廠房就在廣東新會，有員工三百餘人，香品除內地港澳，也遠銷東南亞、歐美等地。

永利名香，店家介紹的時候說明，他們推介的香其中一個賣點就是沒有下助燃劑，所以不會有必須要落助燃劑才做到的無煙、微煙香銷售。如果客人喜歡少煙的，他們推介特幼的香，燃點起來會比較少煙而天然。他們的香其中比較出名的，就是用印度貢檀製作的萬紫千紅線香。此外，也有潮汕人比較喜歡的紅色的紅蓮硃砂香線香和泰國人喜歡用的黑色的永利號黑沉西藏降真香。有趣的是，這永利號黑沉西藏降真香的招紙保留了高陞街年代的店舖介紹資料：「本號專辦揀選上等沉、檀、降、速、柏、茄楠、上好崖洲花剢、地道女兒香、上檀貢香、地㨶檀香、舊山檀香、各色香粉、自製揀選各江貢品飈香、各欵（編註：原文用字）息香，發客向蒙仕商光顧，請認招牌為記，鋪（編註：原文用字）在香港上環高陞街。本號謹啓。」可見當年的高陞街永利檀香莊已經銷售來自海南（崖洲花剢）、本地的沉香（地道女兒香）、印度檀香、降真香、茄楠香等等多種不同的珍貴香原材料。而早幾年，永利檀香莊也曾經有安息香原材料售賣。

另外最有趣的是，永利檀香莊有銷售香港昔日著名的廣鉅源香莊的兩款香。廣鉅源香莊雖然已經不在，但筆者從其他香莊東主口中也聽聞過其沉香很出名。剛才提及的兩款香是傳統香中少有的墨綠色的富貴菩提香和貢品上沉香線香。店家介紹墨綠色富貴菩提香是專門用來供奉觀音菩薩，用沉香皮造的。這兩款香的包裝上冠有廣鉅源香莊的名和商標，上方寫著永利檀香莊，為什麼會這樣呢？店家說是因為廣鉅源香莊不做的時候，永利檀香莊繼承了廣鉅源香莊這兩款香的配方，為了紀念廣鉅源香莊，所以繼續沿用廣鉅源香莊的名稱及其寶

左｜永利檀香莊六七十年代的雞皮紙袋

右｜永利名香，由左起分別是墨綠色富貴菩提香（使用了廣鉅源的配方）、貢品上沉香（使用了廣鉅源的配方）、紅蓮香和萬紫千紅線香。

蓋商標。過往支持廣鉅源香莊的客人都會來永利檀香莊繼續購買。可見香業同行之間是互相尊重的。

永利檀香莊除了銷售一般香品和小塊檀香、沉香之外，他們的陳列櫃還有很多很大塊的沉香木及香木雕像，非常壯觀。店家經常在香莊的櫃檯焚燒檀香木，由於櫃檯臨近門口，因此在店舖附近的人會聞到優雅動人的檀香味，而經過的普通路人也會因為檀香味而不禁多望店舖兩眼。

上｜在近門口位置有沉香檀香原材料銷售

下｜店內琳琅滿目的貨品

陳聯馨香莊：
香港現存最古老的澳門百年老字號

陳聯馨香莊早在一八七七年在澳門創立，當年總店設在十月初五日街，廠則在田畔街，是澳門建立的現存老香莊中最古老的品牌。其澳門的歷史，在同是香港三聯出版的《澳門神香業》中有詳細記述。而陳聯馨香莊的創辦人是新會陳沖人陳燕堂，他早在一九一一年已經在香港成立陳聯馨棧的香港辦事處。陳聯馨棧最初在皇后大道西二四一號，因大廈重建工程而輾轉搬到現在德輔道西四三零號均益大廈一期地下三十A舖繼續經營。陳聯馨香莊在一九八三年結束了在澳門的工廠業務，廠房遷往內地中山，而均益的店舖現在由陳氏的第三代和第四代經營，負責處理所有的零售和批發業務。

據第三代的陳生所說，當年陳聯馨棧是他爺爺陳燕堂建立的，用作聯絡各方客戶、處理香材，以及產品出入口事宜。當年澳門尋找海外的客人並不容易，必須要透過香港尋找海外客戶，尤其是南洋的客戶，很多都是在香港這邊做商貿，所以香港陳聯馨棧在以澳門為基地的陳聯馨香莊業務中扮演了很重要的角色。另外，當年的澳洲檀香木一般都是直接運到香港的，所以陳氏也會在香港這裏購買檀香原木，然後運回澳門工廠打粉製香。而由於澳門港口不如香港的港口具規模，所以也需要把澳門製造好的香運來香港，再經過不同的辦莊寄到越南、馬來西亞、菲律賓等南洋地區。故此，儘管當年陳聯馨在香港這邊沒有廠，但是也會有三四名工人負責送貨以及因應客人的要求包裝。比如客人喜歡不同支數的香包裝為一包，那就應客人的要求去做。由於陳聯馨香莊是香廠的關係，也會為客人特別定製不同的香和包裝，比如他們當年曾應客人要求為美國的嬉皮士製作香水線香。

陳聯馨名香中，較著名的有佛陀貢香、紅色的菩提香、多寶貢檀息香、芝蘭香、極品茄楠香等線香。當中最珍貴的是菩提香。其實所謂的佛陀貢香和菩提香都是用沉香製作而成的，不過陳生說現在由於沉香的成本太貴，加上客人一般不願意花太多錢購買高級的香品，因此現在菩提香暫無存貨了。

而芝蘭香就是陳聯馨首創的線香。這個味道是由他們獨家調配的配方，筆者聞得知道是香水香，不過這個香水香和一般低劣的香水香不同，味道非常甜美清幽而不俗，有一種外國老牌高級香水的感覺，一邊聞一邊聽著爵士樂感覺十分合襯。陳生說曾有其他商家嘗試模仿他們。

而多寶貢檀息香，是使用印度檀香再加檀香油而成的雙料檀香線香，因為是雙料所以

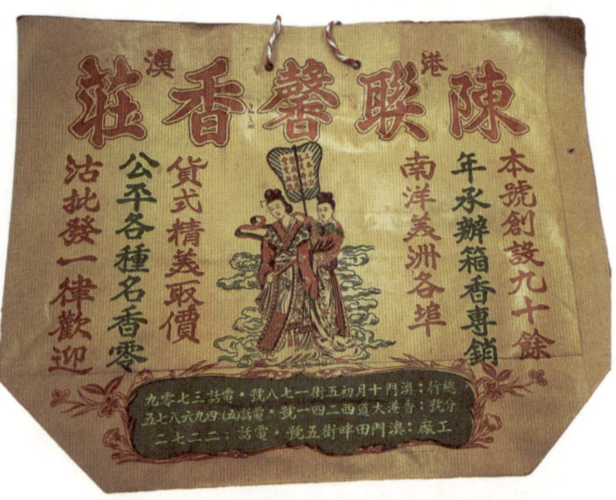

上｜陳聯馨香莊六七十年代的雞皮紙袋

下｜陳聯馨商標

味道香甜而濃郁。與梁永盛和梁永馨一樣，陳聯馨也有極品茄楠香，同樣是由十多種如八角、當歸等除瘴驅蟲藥材製作而成。這種香在南洋地區很受歡迎，因為南洋地區天氣潮濕，而且山林多蚊瘴。其實這些藥香一向都很受民眾歡迎，尤其是每逢都市有疾疫之時，很多人都會買這些藥材香，用以保健除穢。此外陳聯馨香莊也非常注重包裝設計，比如陳生特意介紹的梅花黃檀塔。為什麼叫梅花呢？如圖一樣，大家見到盒上有小梅花堆砌而成的大梅花形狀。現在市面上可見的八角形盒是後期的設計，據陳生所說，過往早期的盒是梅花形的，即把現在八角形盒上的紅色部分切走，可見單單是盒的包裝已經非常講究。後來因為製作梅花形狀的盒太過複雜，慢慢就沒有再製作了，改為八角形，就連如何製作梅花形盒的方法也漸漸失傳了。

還有不能不提及的，就是陳聯馨棧牌匾下的神位，這是眾多老香莊都有的唯一和店舖相關的神主牌。根據陳生說，陳聯馨棧牌匾和這個神主牌，早在陳聯馨棧在香港成立的時候已經存在至今，都是過百年的文物。陳生又說，這個神位在皇后大道西老舖的時候，供奉在一幅牆這麼大的神樓裏面，後來搬遷到新舖，地方較小，所以只保留了這塊神主牌。這塊神

左上｜陳聯馨名香，由左起芝蘭香、超等雪梨香、極品茄楠香和多寶貢檀息香。

右上｜已經暫無存貨的菩提香沉香線香

左下｜陳聯馨香莊的梅花黃檀塔

右下｜六七十年代的散裝香包裝紙

主牌是由整塊原木雕刻而成，最上方刻著「英烈」二字，主神為「敕封忠義神武伏魔關聖帝君」。雖然香港各行各業大多都會拜祭關帝，不過根據澳門學者的研究，關帝也是香燭業的祖師之一。學者推算根據《三國演義》中桃園結義有「焚香拜誓」，而關公被譽為「心則趙抃焚香先帝之心，而磊落過之」，故此推測和香燭業結下因緣。當然還有一位製香業祖師就是燃燈古佛，根據行內口耳相傳的說法，燃燈古佛是最早提倡人們燃香禮佛的，故此被封為製香業祖師。[2] 根據陳生所說，往昔之時，廠內逢農曆八月二十二日慶祝燃燈佛祖誕，會舉行簡單的祭祀儀式，然後工友們就一起用膳聯誼。不過現在這個習俗已經不再。而剛才說的神主牌，左方是「都天至富金危危財帛星君」，就是現在一般稱呼的財神爺；而右邊就是推測和新會陳氏祖宗有關的「廬山得道陳巧六大真君」。根據是廣東新會石頭鄉人的教育家陳垣所撰寫的《陳氏家譜》中說：「陳仲義，名考，亦稱陳巧，號景彝。生於南宋淳佑二年（公元一二四二年），他曾被舉為孝廉，但因遵祖命不為元朝做事，便隱遁廬山，後遇羅真人，得引導術，為民消災除患，人稱陳巧六大真君。」石頭鄉太祖祠堂供奉著陳巧的偶像，是陳氏的二世祖，來自新會陳沖的陳聯馨創辦人陳燕堂應該是為了紀念自己的祖先，也是一位得道真人，所以特地將陳大真人的名號雕刻在店舖內的神主牌內供奉。[3] 神主牌最外寫著一對對聯「聯結交情通萬域，馨香盛事祝千秋」，總結了陳聯馨香莊的營商哲學，而如今陳氏一家也秉承了這哲學，好客熱情。

過百年陳聯馨棧牌匾及神主牌

梁永馨香莊：香港現存最普及的澳門百年老字號

梁永馨香莊早在光緒年間（一八七五到一九零八年）在澳門十月初五日街由新會合嶺的梁壽田創立，準確年份不詳，只知道略後於陳聯馨。和其他香莊不同的是，梁永馨除了製造神香，也是一家中藥廠，其中萬應回春油最為出名。梁永馨在一九二六年的澳門工業展覽會上曾展出高達五米的巨型香，兩條龍從嘴中噴出香煙，可謂巧奪天工，當年售價是一千五百澳門幣。[4] 梁永馨在三十年代曾擴展業務到廣州，及後中藥產業和神香產業分開發展，在大概一九六七年左右，神香產業由居港的新會曾氏接手，現在由曾氏第二代東主曾小姐經營至今。曾小姐表示，她爸爸以前也是在香港從事香業，後來得悉澳門梁永馨神香業務賣盤，於是就接手經營到如今，而梁永馨中藥產業就在九十年代結束了。一般普羅大眾並不知道神香業務和中藥業務已經分開發展，曾小姐說到如今依然有客人問他們有沒有銷售回春油。

儘管六十年代到九十年代梁永馨大廠房仍是在澳門，但由於曾氏居住於香港，加上香港依然是當時主要的神香出口地及香料進口地，所以自六十年代開始也在香港這邊設立更多工場。最初在深水埗的唐樓單位及天台設小型工場，後來到七十年代再搬到地方比較大的元朗洪水橋廠房。當時澳門廠房有三四十人工作，主要做出口為主的香品，比如在南洋大受歡迎的梁永馨貢品龍涎茄楠香；而香港元朗廠房則主要多造一些其他香品，最高峰期也有三四十人工作。到了九十年代，由於內地改革開放並且提供很多便利優待政策給港澳華僑，所以把澳門和元朗的生產線搬去中山，而現在元朗廠房則用作倉庫。梁永馨的業務一直以來都是以批發為主，所以可以見到香港遍佈各區的大小紙紮香燭舖都有銷售梁永馨名香，在香港比起其他主要在自家門市做銷售的香莊來說，梁永馨名香可謂最為普及。及至後期梁永馨香莊才應需求在一九九五年左右開門市兼營零售。門市曾經在德輔道西一零一號地下，而由於該大廈在二零二一年重建，二零二零年年尾搬到德輔道西六十三號地下營業至今。

梁永馨名香中，比如有奪標貢檀香、貢品沉香、貢品龍涎茄楠香等，而且檀香等級也有分很多級數及不同尺寸，店內貨色可謂琳琅滿目。當中貢品龍涎茄楠香是眾多香中最有特色的。根據

梁永馨牌匾

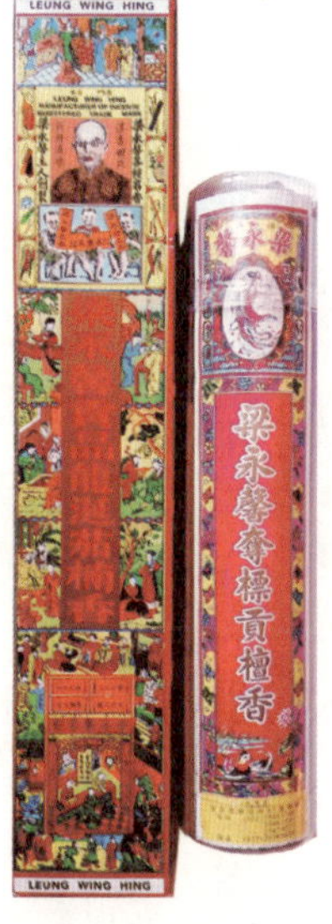

左｜梁永馨名香，包括貢品龍涎茄楠香和奪標貢檀香。

右｜膠桶包裝的奪標貢檀香線香

下｜包裝非常精美的茄楠香

曾小姐說，這個香的包裝一直以來都沒有改動過，而且也是店內最早出售的香品，可以說是傳承百年的味道。與梁永盛和陳聯馨一樣，這個冠名為茄楠香的香，其實也就是藥材香，由丁香、玉桂等等幾十種材料混合而成。這個香在早年主要是在澳門老廠房生產的，當年也是會從香港這邊的藥材批發林立的西環買以斤計算的上等藥材碎料，再運輸到澳門老廠以分粉碎機打磨成粉，然後再按比例混合而成，並由女工搓香。主要的銷路也是在新加坡、馬來西亞等東南亞地區。這個茄楠香原來經過曾小姐加以改良。由於現在的人一般不是很喜歡藥味太重的香，為了平衡新舊客人，曾小姐特地加重玉桂成分，令到味道更加甜美而不失藥性。

梁永馨香莊由梁氏創辦，後期經由曾氏兩代苦心經營，如今香品種類繁多以滿足客人廣大的需求。往昔之時南洋客戶佔很大的比例，因此梁永馨當年可以只做批發。現在除了本地，也多了內地客戶在內地轉售梁永馨名香。諸位可能在香港未必去過梁永馨的門市，但是由於過往主打批發市場，在香港各個有銷售傳統香的地方都很大機會有梁永馨名香銷售，可以說是香港最廣為人知的品牌之一。

上｜沉香檀香念珠及沉香塊

下｜店內琳琅滿目的香品

祥盛檀香扇莊：香港現存最知名的檀香扇莊

祥盛檀香扇莊由祖籍清遠的羅志德及兄弟在一九五九年建立。店舖最初在偉晴街，面積並不大，及至一九六一年搬遷到上海街一七五號，七十年代再搬遷到今日上海街一八五號。店舖自一九八九年起，由從外國讀書回來的第二代東主羅業強夫婦開始慢慢接手經營至今。

祥盛檀香扇莊雖然並非如上述其他香莊一樣建立百年，不過它有著其他香莊沒有之特點，就是祥盛檀香扇莊最初是以製作檀香扇而起家的，當然時至今日，檀香扇製作已成絕響。祥盛檀香扇莊自九十年代初已經轉成專賣香品的香莊了。現在還有銷售過往製作的精品檀香扇，而賣完以後就不會再有了，故此有很多中外客人慕名前往購買。

創辦人羅志德早在十四歲已經來到香港工作，在同鄉的藥材店工作一兩年之後，輾轉在同鄉叔父輩的知名傳承廣州檀香扇技藝的檀香扇廠家白順記做學師，而學得所有工序的他隨後便創立祥盛檀香扇莊，專心從事其檀香扇製作工作。由於店舖地方小，當初只有他一人管理和工作，後來在上海街一七五號租用了更大的舖位，加上在製作檀香扇的時候會生產出大量珍貴的檀香粉末，因此再開拓製香產業。六七十年代檀香扇在海外的需求非常之大，店內不夠空間處理各樣工序，於是在廟街的某唐樓二樓製作檀香扇和製香，並租用六樓天台曬香。當年全盛時期，未計算外發工序的工人（一般負責用魚絲穿檀香扇的工序），正式工人也有二三十人之多，當中大部分員工都是負責檀香扇工序，因為檀香扇工序繁多，比如刜板、打磨、穿線（早期是絲帶，後期是魚絲）等等。工人是有專門分工的，只有創辦人羅志德是唯一一個通曉所有工序之人。另外還有大概三位女工負責挪香，一名男工在新界專門做淋香和在倉庫工場製香，而這些製香工人均是按生產數量計算工錢的。此外亦有一位男工專門負責包裝材料、混合材料、秤量材料等工序，就算後來於一九八三年左右把製香工場搬去內地，祥盛依然繼續僱用該名員工直到八十歲，比如故意叫內地工房員工不用包裝材料，留一些工夫給該名老員工，可見當年的老闆和僱員的關係是非常有人情味的，最後該員工年紀老邁自覺需要退休，才結束多年的僱傭關係。後來祥盛跟隨當時的大勢，大概在九十年代初期就把製檀香扇的工序搬到肇慶了。

根據第二代東主羅業強（下稱羅生）憶述，他小時候在店鋪內經常看到有十箱八箱木箱準備被運走，而每個木箱都有五十打（即六百）把檀香扇，出口的佔了八成以上，寄往馬來西亞、新加坡、日本等地。雖然說當年本地會有大家閨秀來購買優雅如斯的工藝品，不過

上｜第二代東主羅業強伉儷

下｜祥盛自家製造的精美檀香扇

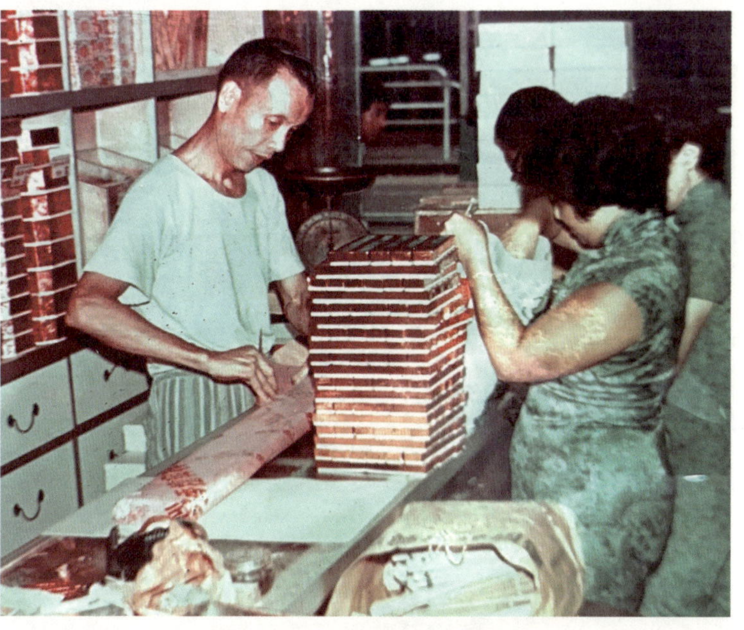

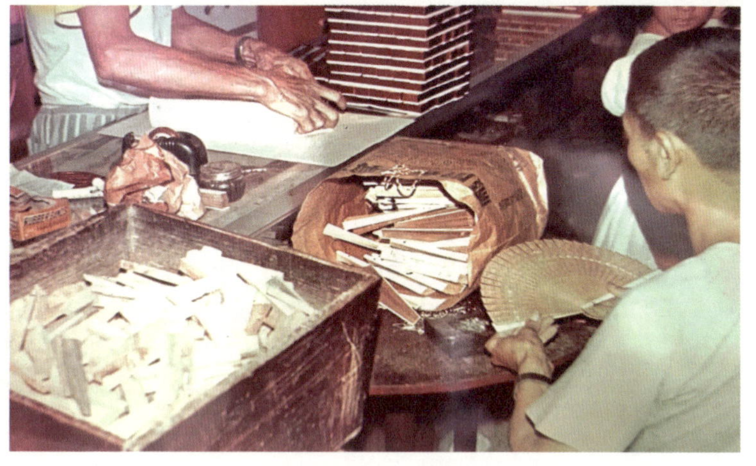

上｜當年很多大家閨秀會購買檀香扇

下｜員工檢查檀香扇質量

上｜製作檀香扇的工具

下｜製作檀香扇的機器

不及在南洋地區和日本受歡迎。上一輩的日本人有一個習俗，就是會在喪禮中回贈檀香扇給嘉賓以表示謝意，而當年香港的檀香扇做工非常精美，所以在日本人眼中，檀香扇可謂是香港的名物，故而常來香港購買。如今在香港人的回憶中，基本上老一輩的女士都會有一把檀香扇的，檀香扇在當年是人人都好求的工藝品，尤其是當年冷氣空調並不流行，天時暑熱拿著檀香扇搧一搧，香風奉送，豈不樂哉？而且當年的上海街有很多水上人，他們都很願意花錢去買香拜神，所以一邊造檀香扇一邊造香的祥盛，可想當年生意之興隆。

而另外有一件值得記載的事情，羅生憶述在當年六七十年代，要購買印度貢檀香，則必須要從印度貿易公司購買，那些印度公司會從印度以不同渠道和方法把難以出口的印度檀香運到香港，再向各大香業推銷。後來在一九八四年，由於製作印度檀香扇需要大量印度檀香木，祥盛創辦人羅志德便決定親身前往印度，帶隨近二十歲的羅生，到當地政府的檀香拍賣場競投檀香木，打破了印度公司向港商銷售印度檀香木的壟斷。早年由於印度檀香木被過度砍伐，印度政府因而規定由政府統一拍賣，而且未經處理的印度檀香原木是不能出口的。當年羅氏父子在當地華商協助下，成為當年第一個競投印度檀香木的華人，更投得當年最

上｜創辦人羅志德親身到印度拍賣檀香木

下｜羅生親自到越南揀選沉香

上乘的一噸十三棵檀香原木，創了當年拍賣價的最高紀錄。然後由於印度檀香原木不能出口，祥盛和當地的華僑合作在當地設立廠房，以樹心造扇胚，並把那些製作扇胚後餘下佔八成的印度檀碎木和粉等餘料一起運回香港。香粉用來造香，而數以噸計的檀香木餘料則以很低成本銷售給本港行家，所以當年印度檀香對羅生來說並不是什麼特別珍貴的原木。當年在印度廠房製作出來的扇胚，祥盛除了用來造檀香扇，很大部分都會轉售給蘇州檀香扇廠。但是九十年代印度的檀香價格飆升得太厲害，內地難以負擔，由於出口需求大大減少，而香港本地對檀香扇的需求下降，更加不足以維繫生產檀香扇的業務，慢慢就越造越少了，故此九十年代便專注於製造和銷售香品了。

有趣的是，現在檀香扇已經停產，反而卻變得彌足珍貴，引起很多本地文青、外國及內地旅客慕名而來。羅生表示有些內

貨架上的檀香木

地旅客購買東西的時候比較豪邁，想一次過買起所有祥盛餘下的檀香扇，不過羅生拒絕了，因為他希望讓更多人有機會認識檀香扇文化，所以每位客人只是限購一把。另外值得一提的是，當年創辦人羅志德在工餘之時喜好攝影，拍下很多當年他們製作香和檀香扇的珍貴照片，這些影像在當時可能平平無奇，不過到今日實在是難能可貴。

祥盛檀香扇莊除了遠近馳名的檀香扇之外，祥盛名香主要以沉香檀香線香為主，比如有貢檀萬佛香、特級上沉香等多種形制大小的優質沉香檀香香品。過往曾經出品用花紅粉染紅的硃砂沉香王和以印度貢檀加安息香的名為龍涎香的名香，可惜現在已經停產了。祥盛檀香扇莊還有很多來自各地的上等原木檀香、沉香木和上等沉香檀香粉供客人購買，也有很多漂亮的香爐、香具用品和香木雕像銷售，可謂所有香文化相關的各種東西都應有盡有。此外，由於羅生和羅太都非常健談好客和熱衷於推廣傳統香文化，因此他們經常受到各大傳媒訪問。

上｜祥盛名香塔香包裝

下｜七十年代的散裝香包裝紙和信封

右｜祥盛名香貢檀萬佛香

註釋

1 蔡瀾（2010年8月10日）。焚香。蔡瀾和倪匡——老友講老友。於二零二五年四月一日擷取自 https://bobostory.wordpress.com/2010/08/10/%E7%84%9A%E9%A6%99/

2 徐小平、梁希同、黃耀基、黎光豪、鍾昕曉。走向黃昏的神香業。澳門百業。於二零二五年四月一日擷取自 https://www.macaudata.mo/macaubook/book111/html/08101.htm

3 張榮芳。讀陳垣先生珍藏的《陳氏家譜》的啟示。中國評論學術出版社。於二零二五年四月一日擷取自 https://gb.crntt.com/crn-webapp/cbspub/secDetail.jsp?bookid=48441&secid=48649

4 湯開建（2014）。四百年（1557–1941）澳門工業發展的特點、地位及影響。國學學刊，(4)，頁三一至四四。

第四章：各種香品的類型、香具和傳統製作工藝

線香（骨香、竹簽香）

不論熟悉和不熟悉香的朋友，對於香的印象，一般就是線香。而有趣的是，其實現在我們見到的大部分香品，比如線香、塔香、玉香、香粒等，其實都在明代以後才普及，明代以前的古人主要是透過隔火薰香和印香篆（容後詳述）的方法來品香和祭祀。而我們這裏所指稱的線香是廣東傳統所指的有竹簽的香，即是我們一般說有「香腳」的香。對於線香一詞，其實在現代是頗為混亂的。由於現在日本的香品在世界非常流行，而日本的線狀、沒有竹簽的香亦稱為線香，所以現在香港這邊很多人都隨著日本香成為了潮流，而跟隨日本稱呼沒有香腳的香為線香。但是在港澳廣東地區的老一輩，對他們來說線香是指有竹簽有香腳的香。在這個世代國際潮流文化交替下，沒有統一的稱呼往往導致溝通混亂，所以為了避免混亂，都會直接問客人「有沒有香腳」來得知究竟他們想要什麼類型的香，或者直接稱呼為竹簽香。由於本書是記載香港等廣東地區的香文化歷史，因此也會根據上一輩所指稱的有竹簽的香為線香。

線香可以說是香港傳統的香品中最為普及的。上一輩除了會把有竹簽的香叫做線香之外，亦會叫做「骨香」，因為這種有竹簽的香，以竹簽為骨幹，用各種方法把香粉、水、黏粉的混合物依附上這支竹簽骨幹，所以稱為骨香。這些線香一般並不是整支都有香粉依附的，會露出一小部分竹簽，我們稱這一部分為「香腳」、「香雞」或者「香雞腳」，而這一部分是用來插在香灰中讓整支香可以直立在香爐中，所以台灣又會稱線香為立香。這個香腳的用處是確保上方有香粉依附的部分完全燃燒掉，不會因為被插入在香灰中而無法完全燃燒。清理香爐也比較方便，把香腳夾出棄掉便可。香腳一般大約是三廣東唐寸（大概十一點二五厘米）左右，即大概是四隻手指疏開的長度。有關香腳，也有很多有趣的故事。幾十年前比較貧乏年代，會有人把這些燒剩的香腳摺疊成支架偶像，代替神像拜祭，比如文昌帝君和關聖帝君等。而當年也會有小孩把香腳製作成「香雞公仔」，然後以這個香腳偶像來打鬥，誰的「香雞公仔」先散開，就誰輸。可見幾十年前家境相對窮困的平民百姓未必有多餘錢為小孩購買玩具的時候，他們會發揮小智慧就地取材，把家裏神位的香腳廢物利用，製作自己的玩具玩耍。另外當年未必每一家人都買得起日曆和時鐘，有一些老人家會把香腳放在月餅罐，每過一日，老人家便把香腳折曲一部分作為記號，用作計算日子，看看月餅罐裏面有多少個折曲標記，就知道現在是什麼日子，一個月過了多少日子了。這些做法應該只是留存在五六十年代或以前出生的長輩的童年記憶裏，在現在這個物資豐富的年代，早已經被人拋諸腦後，為人所忘記，而這些瑣碎的事情，也不會被學者記載下來。

另外也有一說叫這些香做「息香」，我們經常會見到有線香品名叫做貢檀息香，筆者曾經以為是因為這些香加了安息香這種香料，後來問了老香莊的老闆們，他們均對此有不同解說。比如祥盛檀香扇莊的羅生指出，息香是指稱幼細的線香（一般粗三毫米或以下），相對較粗的則稱為長壽香（因為粗而燃燒時間較長，故稱為長壽香或大香，一般五到七八毫米或以上，更粗的有龍等雕飾則叫做龍香）；陳聯馨的陳生認為息香是好香的意思；而梁永盛的梁生則認為是指香能夠傳達訊息到天上的意思。有趣的是，筆者暫時也查不到有什麼文獻提及什麼是息香，不過在廣東地區過往的老字號線香中，經常見到這個名詞出現在品名上。

傳統上廣東地區製作線香的方法有三種。第一是淋香法；第二是廣東獨有的挪香法；

第三是一般用作製作很粗的大香的捋香法。一般而言，淋香的體力需求比較大，所以是由男工製作的。造香基本上需要的就是水、香膠粉（一種加了水後會產生黏性的天然木粉，容後再作詳細介紹）和香粉，三者混合在一起。首先把一大捆竹簽浸入有水的水缸中沾濕，然後把沾濕了的竹簽展開成扇形攤平，插入載滿了香膠粉的筲箕盆裏面，把盆中的香膠粉撒在竹簽上，再拿起竹簽垂直散開，同時輪轉和搖動竹簽，讓香膠粉平均地黏附在沾濕了的竹簽上，這個步序稱為打底或過底粉。當過好底粉之後，就會再次把黏有香膠粉的竹簽很慢地浸入水中（太快則沖散表面的香膠粉），讓表面未夠濕透的香膠粉濕透而產生黏性，然後就又慢慢拿起來，再展開成扇形並放入裝滿香粉的筲箕盆內，同樣又把香粉撒在竹簽上，拿起竹簽垂直散開和輪轉搖動竹簽，通常這個動作重複幾次直到香粉黏滿一定厚度為止。接著再上光皮粉，就是染色粉，比如瑰紅粉、花紅粉、芥黃粉等等，做法和剛才黏香粉一樣。完成後，就要拿去天棚、天台或者露天的地方在

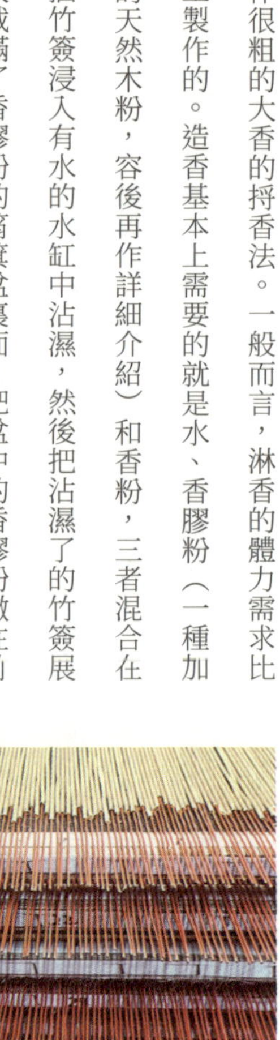

線香

中間很多折的用作計算時間，而左右分別是的文昌帝君和關聖帝君的香雞公仔。

陽光下照射大約五六個小時，完全乾燥後再收集回來染紅香腳，曬乾以後就可以檢查和包裝，又或者會在香腳的末端塗上金油漆，稱為點金，最後才檢查和包裝。

淋香法製作出來的香是必須要經日光曬過的，因為這個方法經過多次浸水，竹芯濕透，必須要在陽光下曬乾，才能把當中水分蒸發，否則會導致發霉變壞，所以要因應天氣而生產。淋香法有一個好處就是一次過可以生產很大量的線香，而且速度快，不過問題是由於在搖晃的過程會浪費很多香粉，一來推高成本，二來當使用者拿著香的時候，會弄到手甚至身上都是顏色粉。而且香粉經常沾水會令香味變差，故此在廣東地區，淋香法只會用作製作中下等的香。不過有趣的是，福建台灣地區傳統上一般不論上等香還是中下等的都只是以淋香法來造香。而在廣東地區，我們會用台灣福建地區沒有的挪香法來造上等香，這種方法比較不會浪費香粉。筆者推測，線香是在明代才流行的香品，而當時廣東地區已經盛產沉香而且享負盛名，會不會是因為淋香法太過浪費，不適合用來做沉香等上等香，所以產生了挪香這種比較省香粉的方法。當然儘管這個是一個很合理的推測，不過暫時沒有文獻證實。另外也有一個問題就是淋香從業員經常要在塵土飛揚的空間工作，過往的人不懂得戴口罩避免吸入香粉，所以有從業員肺積香的情況。而且由於要避免香粉飛起，工場是不會有電風扇和空調的，加上為免衣服都是香粉，工人一般都是赤膊上陣的，夏天之時更加辛苦。現在的人除非真的很有熱情傳承此技藝，否則一般不會為了這些少工錢而讓自己這麼辛苦。慢慢就演變成由機器替代人手製作了。

廣東地區以挪香法製作高級線香，並傳承了這個獨有的技藝，幾乎都是由新會當地人或者祖籍新會然後旅居港澳的工人傳承下來。挪香的手藝非常精細，所以一般由女工製作。首先要把造香用的竹簽的香腳部分預先染色，然後再把大概一份香膠粉和兩份香粉加水混合，成為一團具黏性的香泥，他們稱為香膠。傳統上，女工會有一個斜面的搓香桌，而桌上會有一個位置載著光皮粉（一般也是色粉）。女工會把一大團香膠放在搓香桌的右邊，右手拿著自製的搓香板（就是一個簡單的小薄木板，木板後面中

製香工藝者透過淋香法製作線香（圖片來源：原圖最初發表於《香港皇家亞洲學會學報》第二十九卷，經香港皇家亞洲學會許可，在此轉載。）

間位置加一個手柄方便拿著），左手拿著香腳染了色的竹簽。先用搓香板沾一些光皮粉在搓香桌上，防止香膠黏在桌上，然後把竹簽黏到香膠上去。右手一邊前後搓著，左手一邊拉走，讓香膠從頭搓到落尾，中間不可以有任何空隙裂紋，否則乾燥了以後會裂開，導致香支在燃燒途中熄滅。一般熟手的女工大概十秒就可以搓好一支息香。根據祥盛檀香扇莊的羅生引述其父的教導說，淋香製作出來的香，香肉會比較實而沒有空隙；反而挪出來的香會比較浮，就是說香肉的結構比較鬆散，當中有空隙有空氣，故此可以說是比較省粉，而因為香肉裏面比較鬆散，燒出來會比較飄逸，味道能夠傳得更遠，而淋香的香則不能。而且因為挪香不會多次濕水，所以更能夠保持香的味道。再者挪香製作出來的香不一定需要曬乾。可見挪香的好處很多。不過始終從事手搓香的工藝者越來越少，老的老去，年輕的不肯入行，要求很高但是人工卻不高，所以現在手搓香亦已經漸漸由機器替代。

挪香是一門眼看很簡單，實質落手落腳做的時候卻很難的技藝，也是製作香品的技藝之中難度最高的。筆者在教授學生搓香的時候，學員經常看著我做覺得很容易，但是他們做的時候，由於左右手不協調，速度不一，力度未能控制等各種原因，花上整個小時才能搓到幾支。也許行外的人看起來搓香就只是搓來搓去，不過真正上桌做，需要配合左右手和力度等，是需要長期的手、眼、心互相協調訓練才能做到的一種技藝。雖然挪香是一個能夠製作出最上等的線香的方法，不過也有其弊的，比如比起淋香慢很多，熟手的女工一整天才能造一二千支，而淋香每次可造幾百支。二來，挪香稍有不慎，不小心大力了一點點壓了一下，就會讓香肉薄了，令香支容易熄滅，從而被客人投訴，機器造的香就不會有這個問題。但一般機器造的香會和淋香一樣，香肉比較實，味道則不如挪香飄逸，而且用粉比較多。不過時至今日，由於人工太高，製作需時，不符合今日的成本效益，現在挪香法僅僅用於文化傳承教授為主，一般已經很少再用作大規模製作。一般香客中又有幾個真的會慢慢品味，和願意花更多價錢去買手工香？另外又有多少人願意從事這個滿身香粉、塵土飛揚、日

製香工藝者透過挪香法製作線香（圖片來源：原圖最初發表於《香港皇家亞洲學會學報》第二十九卷，經香港皇家亞洲學會許可，在此轉載。）

日如是、不會晉升的工藝？所以現在大部分廠商已經轉用機器，因為勝在生產速度快而節省人手和人力。當然，每一台機器都需要僱用專業的師傅來操控，微調機器各樣的機能、速度、壓力等等，而且機器製造出來的香不一定是每一支都合格的，所以亦需要人手檢查每一支香。不論是人手還是機器，製香業依然是很多工序和要求很高的行業，並不是一般人看香道宣傳片這麼安逸簡單的。此外，上等的香品包裝好以後，一般需要陳放幾個月，讓天然香味昇華，才能出售給客人。

第三個製作線香的方法就是捋香法，主要是用作製作大香或龍香。所謂捋香就是直接徒手把香膠平均地撫平黏附在大竹簽甚或竹枝上，有點像用手去抹水泥上牆一樣。塗抹直到所需的厚度以後，就會上光皮粉，然後把每一支分別夾起或者插著，置在陰涼乾燥的地方。這些大香都不能夠直接曬太陽的，因為水分快速蒸發可能會導致表面龜裂。巨型的大香、龍香通常是在打醮或者大型盂蘭勝會才會用到的，一般不會大規模生產，老香莊只會有少量存貨作為樣板，客人需要提前幾個月下訂製作；一般雕有精巧細緻的雕塑，這些雕塑同樣是由香膠做成，過程就像製作陶泥般徒手把香膠捏成不同的形象，塗上顏色，最後再貼在香上。

現在很多都是用模具製作，減省時間，而且一般也不會用上檀香等上等材料，主要由普通木糠粉、色彩斑斕的顏料和裝飾製作而成，用作視覺用途多於香氣。

在線香來說，港澳地區最傳統的包裝一般是用紙把若干支數的線香包在一起，再以漿糊貼上招紙而成。過往的包裝都是人手每支數數的，比如是四十五支、一百支、五百支或者按客人要求的支數。根據老香莊的老闆們說，過往是允許按支數收費的，所以老香莊一般會有很多包香的散裝香包裝紙。但是後來可能因為人手不足和人工貴，所以慢慢變成香莊自己預先包裝好，不再分拆。現在大多數的老香莊以防水性能比較好的透明玻璃紙包裝香，並在表面加上品名招紙，捲好以後，會在包裝的頭和尾部貼上商標紙封口。而其中梁永馨更加以透明膠桶來承載這線香。根據老香莊的老闆們說，由於過往有按支數收費的習俗，有一些老

製香工藝者透過捋香法製作線香（圖片來源：原圖最初發表於《香港皇家亞洲學會學報》第二十九卷，經香港皇家亞洲學會許可，在此轉載。）

一輩的香客把香買了回家以後，真的會自行重新數數核對是否足量，所以香港很多老字號如今依然會人手數數包裝，確保足支數。有時候，如果在香港經過某些老香莊，你也許還會見到店員在沒有客人的時候，坐在一邊數香數和包裝。不過也有很多香莊隨著現在的客人不會有時間去數香數，而選擇按重量計算，比如是一百支裝的，就拿幾盒足秤一百支裝的香來稱重一下，再除開，有個大概就算了。現在大陸和台灣部分地區都是按重量計算的，以節省人力數香的步驟。

有關尺寸的問題，似乎又好像沒有人怎麼考證過。台灣那邊的長度卻是有考究的。台灣傳統上的立香是台尺的尺三和尺六，而台灣業界一般會參考魯班尺，比如尺三大概三十九點三厘米，在魯班尺是象徵吉祥的「登科」；尺六，其實是一尺五寸九，大概四十八點二厘米，是魯班尺象徵吉祥的「迎福」，如果正尺六反而是「退財」，所以一般只是順口叫尺六，但是實質是台尺一尺五寸九。一般台灣尺三香用作敬祖先；尺六香或更長的則用作敬神明。而現在新有的台灣一尺香，大概三十到三十二厘米，根據魯班尺並非吉祥的位置，一般是台灣一貫道或者是燒香時間比較短的人使用。

在香港，一般人需要因應家裏的神樓有多高，又或者是時間多長等購買不同尺寸的香。所以香港的老香莊便根據這些準則制定出不同的制式，而並非是根據魯班尺的吉祥刻度所製作。香港的線香制式，普遍根據香港的唐尺。有趣的是，香港似乎卻有幾種不同的唐尺，比如香港《度量衡條例》中的唐尺是三十七點一四七五厘米。而筆者訪問老香莊的老闆們，他們均表示根據現在依然流行的香港婚嫁習俗中的傳統嫁妝子孫尺。香港的子孫尺，和廣東裁縫尺是一樣的，也是十寸一尺，而每寸是三點七五厘米，所以一尺是三十七點五厘米。香港舊時常見線香尺寸有一尺、一尺零五、一尺二五、一尺四等等，當然有更長尺寸的大香。不過隨著時代進步，香港人口越來越多而居住空間越來越小，在八十年代開始有一些較短的線香出現迎合客人需要，比如八點八寸、六點八寸、四點八寸等。而老香莊一般在自行記載不同尺寸的香的時候，也會用舊時常用的花碼書寫尺寸。有趣的是，香港和台灣的線香尺寸有一些是一樣的，比如香港的八點八寸和台灣的一尺香相若；香港的一尺零五與台灣的尺三相若；香港的一尺二五和台灣的尺六相若。這些約定俗成的尺寸，是不是有什麼寓意就不得而知了，不過也是值得考究的。

由於線香有香骨，好處是比較堅實不容易折斷，所以廣泛用在宗教祭祀上，就算香客拿著香拜多幾次也不會斷；不過香骨也帶來一個問題，就是在焚燒的時候也會把竹芯燒掉，有可能因而產生雜味，所以一般用作香薰品香用途的香客會購買沒有香骨的玉香。

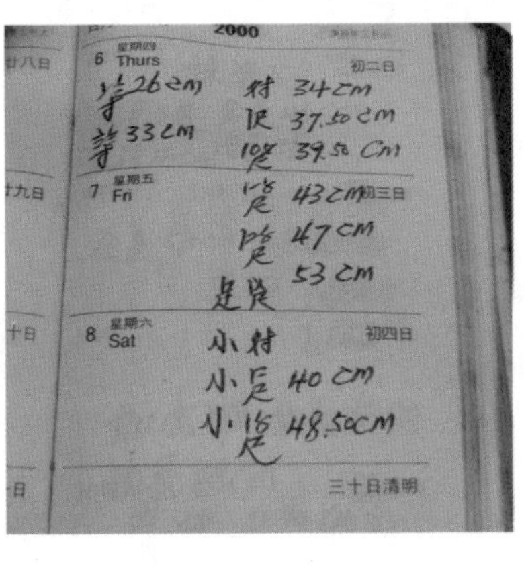

右｜祥盛檀香扇莊創始人羅志德的線香尺寸筆記

左｜傳統子孫尺，有百子千孫款和丁財兩旺款。最右邊的有七十多年歷史（筆者婆婆的遺物），中間的也最少有四五十年歷史。

玉香（線香、臥香）

可能大家沒有聽過什麼叫做玉香，反而線香就比較常聽見。上文提過現在日本人稱呼他們那些沒有竹簽的條狀香為線香，他們為什麼叫這些從日本江戶時代才傳入的條狀香為線香呢？原來也是有考證的。第一，這些香的確幼如線。第二，根據明代李時珍在萬曆六年（公元一五七八年）寫成的《本草綱目》第十四卷草之三中解說線香：「時珍曰：今人合香之法甚多，惟線香可入瘡科用。其料加減不等，大抵多用白芷、芎、獨活、甘松、三柰、丁香、藿香、本、高良薑、角茴香、連喬、大黃、黃芩、柏木、兜婁香末之類，為末，以榆皮面作糊和劑，以唧筩成線香，成條如線也。亦或盤成物象字形，用鐵銅絲懸者，名龍掛香。」據李時珍所說，這種沒有竹簽的條狀香的確是稱為線香。不過有趣的是，廣東地區卻有自己的一套稱呼，把竹簽香稱為線香。那麼沒有竹簽的條狀香叫什麼呢？廣東是叫玉香的。筆者曾聽過有一說，北方的線香是沒有竹簽的，但是因為我們南方潮濕，所以我們會把香附上竹簽來保持香的挺直，不過就這論述暫未見有文獻考證。不過不論如何，香港的老一輩、老香莊，都是稱這些沒有竹簽的條狀香為「玉香」。應該是因為玉香整條都是香肉沒有竹骨，所以稱作肉香，然後取其同音字，雅稱玉香。

除了玉香，香港的佛具店也會叫玉香做臥香，因為一般佛具店會有一種臥香爐，顧名思義就是躺臥的香爐，所以是寬長的，把臥香躺臥在臥香爐內焚燒，那麼就可以把完整的一支香完全燃燒掉，不需要處理香腳的問題，有「一點點到尾」的吉祥意思。而有趣的是，接受筆者訪問的香港老香莊中，大部分玉香都是在八九十年代因應海外訂單，尤其是日本客人，才特地製造的。當中只有梁永盛在六十年代已經有玉香，梁生表示小時候見過廠的工人製作玉香，做好之後還要找石頭壓著以防彎曲。梁永盛的玉香比一般的粗，梁生送了一些雙料印度貢檀的雙料玉香給我，粗度與藏香相若，大約三毫米，長二十五厘米（約十英寸，廣東唐尺六寸半，魯班尺是八點二寸，是進益，不知有何意思）；而現在一般市場上的粗度大約是二到二點五毫米不等，甚或更幼；長度是二十一厘米（據說是因為台灣香莊說二十一厘米是魯班尺七寸，是大吉進寶，是吉利的尺寸）。當然現在有更短的玉香，比如日本的是十四點五厘米左右，很適合當代人狹小的居住空間以及用作短時間薰香用途。

玉香是通過一個叫榨香的工序製作而成的。最原始的時候是以稱作木頭搾的機器製作出來的。筆者曾經的製香班中有一位七十多歲的前輩學員梁靜宜，她憶述自己小時候見過家人造香。她說當年還沒有電機器造香的時候，他們是會用一個大鐵箱，鐵箱底部有一個孔，然後再加上銅片做成一個漏斗形狀的嘴，把混合好的香膠添到鐵箱裏面，然後加一塊很重的坤甸木，再加上一個身形比較厚重的人站在木頭上，重力和壓力使香膠被擠成條狀，從漏斗嘴出來。到了六十年代，電動機器在香港已經非常流行，改用電動榨香機器製作。這些被擠出來的香條會被整齊排列擠在一起，而且香條與香條之間不能夠有空隙，因為沒有香骨的玉香在陰涼乾燥的時候很容易彎曲，所以必須要擠在一起，讓香沒有空間可以彎曲。現在也有專門製作玉香的機器，機器有一排出香孔，一排有十多到數十個香孔，所以每次開動機器就有十多

玉香

到幾十條玉香被擠出來，然後按長度切割再排香，放在陰涼乾燥處大概一週左右的時間，就可以包裝了。與線香一樣，玉香過往也是按支數包裝的，但也是因為方便處理，現在的玉香大多數是按重量計算的了。在包裝來說，玉香一般會用到硬紙盒或者膠桶等保護性較強的包裝去承載，因為玉香沒有香骨做骨幹支撐，非常容易折斷。亦因為沒有香骨，燃燒時不會燒到竹芯，所以玉香一般會用在對於氣味比較講究的情況。

塔香（香塔、盤香）

盤香和塔香一般是指如蚊香狀捲起來的香。製作方法和玉香一樣使用榨香的工序製作而成。近代工藝使用電動擠壓機器，一般一個機器可能有四個出口，然後用盤子接著，工人需要左右搖擺去接擠出來的香條，防止過度重疊而壓到變形及方便處理。傳統上是需要透過人手繞成圈，這個步序稱繞香。待榨香機器擠出香條，把連貫不斷的香條接好後，製作成能燒八小時、半日、一日、一週、半月、正月的稱為塔香的蚊香狀大卷香，並以中間有一槽溝的金屬錠定著香條的一端，然後工人會一邊輕力拋香條一邊繞成大迴環狀的大香塔，這個情景是有點像拉麵條似的。這些塔香又稱香塔，因為外圍一般會下垂，整體形成一個塔形。這些大香塔就是大家到香港的廟宇會看到的在天花懸掛著的那些。很多人會問，為什麼這些大香塔沒有香骨，掛起來卻不會因為負荷過重而斷，其實主要是因為這些可燃點超過二十四小時的大香塔一般四邊都有紅繩繫著每一條香條，所以不會斷，而且用繩繫著的好處是不怕在下雨天非常潮濕時導致香塔變形，繩子有著一定的定型作用。而一般八、十二、二十四小時的香塔，由於比較小，所以也比較輕身，便不需要用紅繩繫著，不過如果遇到潮濕下雨天，很容易會因為軟化而嚴重變形。

隨著時代的需求改變，地方越加淺窄，香客需要較小型的香塔，而一般來說，常見的規格是一、二、四小時，而這些小尺寸

盤香

的是不會向下墮成塔型的，所以稱為盤香。製作這些盤香就不會如剛才的大香塔般要一邊拋香條一邊繞成圈，而是用一個有兩條槽溝的金屬錠定著兩條香條的一端，然後順時針轉動，就會成盤了。盤香和大香塔不同的是，大香塔是由一條連貫的香條繞成，而盤香是兩條轉成一塊，原因是大香塔掛起來後會下垂，使香條之間有空隙，所以燃燒的時候就不會燒著旁邊的香條。不過小的盤香是不會下垂的，所以必須要兩條香條捲在一起，然後用的時候拆開成兩個，就如拆開蚊香一樣，有了空隙，那就不會把旁邊的香條都燒著了。不過對於很多人來說，把盤香拆開是一件很困難的事情，因為盤香是沒有香骨的，也比較幼細，所以其實是很脆的，稍有不小心就會弄斷。

盤香和香塔之所以被發明，就是希望可以長時間燃燒而不需要再經人手去處理。正常情況下由於整個盤香是連貫著的，所以從頭點燃自然就會燃燒到尾，這個在誦經、畫畫或者做手工藝等一開始就不能停止的活動中，尤其重要。不過和玉香一樣非常容易破碎，所以一般小盤香會以硬紙盒或膠盒承載，而大塔香現在一般是以厚紙皮托底並過膠包著的。時至今日，當然不再需要人手繞香，現在有電動旋轉儀器，工人只需要把香條固定在槽溝裏面，機

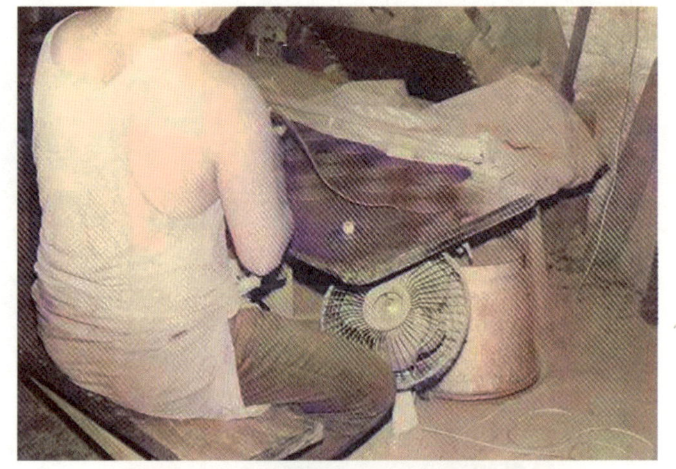

上｜大香塔繞香步序（圖片來源：原圖最初發表於《香港皇家亞洲學會學報》第二十九卷，經香港皇家亞洲學會許可，在此轉載。）

下｜盤香繞香步序

器就會自動旋轉槽溝成形，然後拿去網架陰涼乾燥處晾一週左右的時間，就可以包裝了。

塔香粒（錐香）

塔香粒又稱為錐香、塔香、香粒。被稱為塔香粒，是因為其錐形的形狀，看起來好像塔的形狀，根據祥盛檀香扇莊的羅生憶述，當年他們舖頭的塔香粒真的是寶塔形狀，而並不是現在簡單的三角錐形而已。筆者小時候也曾見過這些寶塔形狀的香粒，此外也有金元寶形狀的，不過現在越來越少見了。

近年興起自己動手造香，而塔香粒相對容易做，把香膠如捏泥膠一般按和搓成錐形晾乾便可，所以現在很多人都會選擇製作塔香粒。不過傳統上除了手捏和搓成統一的大小之外，也會使用

塔香粒

各式各樣的模具製作，比如用膠片捲成筒錐形，再加香膠成形，最後拆開膠片；有的猶如月餅模一樣，像剛才提及的元寶形和寶塔形的塔香粒，會用一對模具，左右拍在一起，從底部塞香膠，又或者先把一半的模具放在桌子上，再加香膠，然後再把另外一半的模具壓下去成形。把壓好形狀而還是柔軟的塔香粒小心拍打出來，再放到陰涼乾燥處大概一週的時間，就可以包裝了。有些人會為了方便脫模而加點油在模具內。不過到了現在也是已經有機器半自動和全自動把香膠壓成形狀，不需要再透過人手製作了。一般來說，塔香粒的好處就是燃燒時間比較短，還具有不同的吉祥形狀。此外，由於比較粗，是相對堅固不容易碎的，而且能夠短時間內發出濃烈的味道，對於驅除異味有一定的幫助，但一般較少用作品味香氣之用。

香灰

一般常用、可以購買到的香爐灰在香港有兩種，第一種是白色的牙灰，第二種就是價錢比較貴的梧桐葉灰。一般來說，傳統的家庭裏，如果本來是有神位的，很少會購買香灰，因為過往的習俗，香灰一般是不需要更換的，只會累積越來越多，多到要棄掉。一般都是新安神位、換大香爐等才會買香灰，並把舊有香爐裏的灰移放在新的香爐內，有連繫過往的香火的意思。廟裏神位前的香灰，更被民間信仰認為是有神力的，有驅邪、鎮靜的作用。可能是因為往時的神香，一般用上比較多天然的珍貴藥材製作而成，被燒成灰後或會遺留一些功效，畢竟中藥中也是會把一些藥材煅成灰才服用，所以過往的人便認為會有醫療作用，不過當然最主要還是精神和心靈上的安慰。如今時代進步了，卻有無良商家把很多人工化學的有毒物質摻雜在製香原料中，現在千萬不要胡亂服食，否則只會對身體造成傷害。現在市面上購買到的牙灰，一般來說是純白色的，由草木、穀殼等燒成的灰燼，過往的人除了用來放在香爐內承托香蠟，也會用作打磨東西之用。為什麼叫牙灰則眾說紛紜，有些說好像牙齒般雪白，所以叫牙灰，也有一些長輩說是過往用來刷牙的，所以稱為牙灰。牙灰一般比較幼細，所以壓在香爐內會比較結實。而另外一種比較少人認識的，就是梧桐葉灰。梧桐葉灰因為比較透氣，用來焚燒香木條或者插玉香的時候，即使香插於灰中，亦可以完全燒盡。但是由於梧桐葉灰比較疏氣易燃，所以不適合用作印篆香，否則香印的火會容易蔓延到旁邊的香粉。

香爐拉（香灰壓）和香箸

隨著現代對於傳統香文化的研究越來越多，現在有很多不同樣式的香道具。不過在老一輩之中，其實並沒有太多的，就只有很簡單稱為香爐拉的香灰壓，以及稱為香箸的銅筷子。這兩個香具，尤其是香爐拉到今時今日依然在香港的香燭舖會找到，基本上有兩個形態，第一就是一個用銅片製作而成的扁平匙，用來整理香灰，比如壓平以及拿香灰等；另外一個形態就是一個圓形的銅片中央加一支銅柄，一般用於比較大的香爐，用來壓平和整理香灰。另外就是香箸，一般在焚香木的時候，用來插鬆香灰、夾香木枝，以及在香灰中開孔等。稍後會在焚香木的部分詳述。

左｜在祥盛檀香扇莊的經典香港製造銅香爐

右｜在梁永盛的小香爐拉

下｜黃銅大香爐拉

陳皮
莞香
大茴
香附
藿香
降真
佛手
母丁香
公丁香
玉桂
鬱金
山柰
龍涎
麝香
楠香
龍腦
檀香
沉香
琥珀
松香
乳香
沒藥
蘇合
安息
茅香
佩蘭
零陵
木香
甘松
菖蒲

第五章：

香港傳統製香成分

香骨

所謂香骨，就是製作線香必不可缺的原材料，就是線香的骨幹竹簽，所以被稱為香骨。傳統是人手把竹條破開，然後切成合適的粗度和長度來使用。早期的竹簽由於也是透過人手劈開，所以是方柱形，而不是現在經過機器打磨成圓柱形的圓竹簽。過往使用的竹是起碼兩三年的，但是現在很多一兩年的竹已經被用作製作竹簽了。

根據梁永馨的曾小姐分享，一般來說，用來製作竹簽的竹有比較柔軟的毛竹、材質比較硬的青竹以及最上等而堅硬的茶竹。毛竹比較便宜，所以用作製等級一般的線香，而且其好處是容易燃燒，燃燒之後的香灰不會牽絲而且會散開，不過由於比較軟，香容易彎曲；茶竹比較堅挺，造出來的香會比較直，不過相對難燃燒盡和貴，香灰會牽絲而不太散開，較常用作製作高級線香；而青竹硬度可比茶竹而價錢和毛竹相若，但是由於燒出來的時候香灰太硬不斷，所以比較少人使用。不過一般來說，香客很難單憑製成品外表而知道用的是哪一類竹，因為如前文曾提及，唯一在線香上露出竹簽的香腳部分是會被染成紅色的。一般人覺得竹簽淺色，顏色淺白不吉利，所以把竹簽露出的部分染成紅色，比較喜慶，覺得吉祥。除了染香腳之外，還有點金的步序。過往為了讓香看起來更好看，一般會在香腳的底端塗上金色顏料，後來慢慢只是用在貴價的香之中，而現在已經慢慢不再做這個步序了，因為純粹美觀而沒有特地用途，省卻了也無傷大雅。

此外，傳統上一般會在大香長壽香的香腳上捲上彩色錫紙，希望使香腳更美觀以突顯香客的誠心和吸引客人買。祥盛檀香扇莊的羅生說，他們過往會使用較容易買到的，在復活節包復活蛋的彩色小雞錫紙來包大香的香腳。不過由於需要透過人手為每一支香包裝美化，實在頗為花費人力物力，現在很多香廠都會省略這個步序了。

被染紅的香骨

香膠粉

香膠粉可以說是製作所有的香品必不可少的材料。所謂香膠粉，就是用來造香的黏粉，常用的材料有潺槁樹、水麻皮（又稱棉花石）、楠木、榆樹皮等等。有趣的是，香港老一輩的製香前輩會稱這些製香黏粉做「石粉」。而這些粉卻往往是純天然的植物製作而成，和石頭沒有半點關係。上等的石粉會被稱為上石。據聞廣東新會最古老用作黏粉的是潺槁樹。而在五十到七十年代，常用的石粉有分為來自新加坡、泰國的「獅頭石」或稱為「獅球嘜石」和「大陸石」，而大陸石又分「棉花石」和廣西的「紅石」。據祥盛檀香扇莊的羅生說，當年的獅頭石的黏力比較好，不過混合出來材質比較硬；大陸石則比較輕浮，所以他們會把兩種石粉混合在一起使用。不過如今只剩下大陸石為主。

除了剛才提到的石粉，現在業界普遍喜歡用印尼楠木粉製作，因為其黏力比較好。一般來說，製作香的時候使用大約是兩份香粉加一份楠木粉就足夠，然後加水就可以製作不同形狀的香品。根據老香莊的前輩說，這些香膠粉除了用來造香之外，也會被跌打舖買來用於黏附在客人皮膚表面的膏藥裏。現在科技進步，有人發明了一些用化學品製作出來的白色黏粉，由於其黏性特強，用很少量就可以足夠製香了，不過問題是，這些化學黏粉燃燒後會帶有毒性。現在很多低劣香品都使用了這種黏粉，甚至時興的所謂外國製香課程，也是使用這種黏性超好但是有毒的白色化學黏粉，好讓學員學習搓香的時候基本上不用什麼技巧都能夠成功搓到，可見現在很多商人都為了金錢而出賣了良心。

沉香

沉香是眾所周知的香料，是古代漢人的四大名香之首。香港之名也因沉香而命名。而在近百年前的廣鉅源香莊和永利檀香莊的廣告招紙上，當時均有銷售東莞沉香以及海南沉香。不過及至二戰後，香港香廠普遍的沉香都是來自越南，當然時至今日，由於以中國為主的東亞地區掀起了沉香熱，現在的沉香有內地的海南沉、東莞沉、東南亞的越南沉、印尼沉、馬來沉、寮國沉、巴布亞沉、泰國沉、柬埔寨沉、印度沉等，其中印度沉香由於其味道濃郁而主要銷往中東和歐洲的香水店等，而其他較為清雅的則比較受華人地區歡迎。當然在華人地區，越南沉香依然是最受歡迎的，所以價錢也是最高的。現在在內地市場廣被流傳的香港產沉香基本上都是非法砍伐所得來的，又或者是其他沉香冒稱香港沉香。

沉香樹的植物學名一般叫做土沉香樹，而土沉香樹本身並沒有任何任何價值，因為只有結香的部分才會入藥，而且普通樹幹結構非常鬆散，不適合用來製作家具。現在很多商人把沉香樹的樹葉炒賣成為保健茶飲，在傳統中醫理論中並沒有根據。沉香樹需要透過受傷才能結出沉香。當沉香樹受到傷害之後，就會在受傷的地方附近分泌樹脂，使傷處部分及周圍的木變硬，從而起到保護的作用。而只有這一個部分才可以叫作沉香，而也是只有這個部分才被納入傳統中藥體系。由於沉香和其他整株都帶香味的香木不同，加上產量不高，所以價值不菲。

印度沉香木

沉香的味道多層次而有韻調，給人沉靜穩定的感覺，而且沉香有多種分類，天然受傷結成的稱為熟結；人工受傷的稱為生結；油分很高而密度高於水和沉於水，又或沉香樹掉進水裏而結香的部分稱為水沉香；沉香樹掉進泥沼中而結香的稱為土沉；被蟲入侵樹幹而結香被稱為蟲漏；被蟻入侵樹幹而結香被稱為蟻漏等等。華人對沉香的分類非常精細，因為每一種結香的方法也會導致味道以及外觀有所差別。由於它們的價格很高，普羅百姓往往難以一一認識，所以一般只有比較富裕且喜歡香的人才會了解。不過根據筆者訪問各大老香莊的前輩們，他們均表示在戰後的沉香價錢其實並非非常昂貴，因為在當時內地對沉香並無需求，所以有充足的貨源供給港澳台以及海外的華僑使用。不過隨後國家在千禧年代經濟突飛猛進，坊間開始有品聞沉香的熱潮，由於這個龐大的人口和需求，讓全世界的沉香價格再次飆升到史無前例的情況。很多老香莊的東主均表示，當年沉香的質量是今天所不容易求得的，如果當年有大量購入，時至今日一定有非常可觀的盈利。現在由於太多人追捧和視沉香為生財工具，野生沉香已經被非法砍伐成為瀕危物種，所以現在的沉香一般都是人工培植的，價錢比較實惠，質量也不是太差，也許比起野生的韻味較短、單薄和直接，但總比對野生大自然造成破壞更好。

沉香歸脾、胃、腎經，行氣止痛，溫中止嘔，納氣平喘。在非常疲累、虛弱生病無力、需要靜心平定心情專注做事、靜坐禪修培養定力的時候均非常適合。另外又說，現在經常提及的奇楠沉香，其實就是在沉香等級中最高的沉香，油分非常高，氣味郁而具有穿透力，層次豐富多變而具有韻調，因此是自古以來不少文人雅士夢寐以求的。

而有趣的是，很多港澳老香莊所出品稱為「茄楠」（奇楠的別稱）的香品，以及台灣香舖出品烏黑的稱為「烏沉」的香品，其實均是由多種中藥混合而成的藥材香。過往的商家會以非常高級的香料的名稱為香品命名，只是名字而已，所以不一定真的是名稱本指的那種好東西。而日本也有這個情況，很多日本商人會以日本定義為最高級的伽羅沉香的名稱來命名他們的香品，筆者一聞就知道究竟是真的味如其名，還是虛有其名。很多時香的世界很微妙，味道很微妙，但是商人的手段更微妙，所以如果希望買到好東西，最好到信譽良好的店舖購買，或者多和店員溝通，並且累積經驗，單憑其名和產地，很容易會中下圈套。比如很多叫做水沉香的香品，只是名為水沉香，實非用真水沉香來製作。當然，在今時今日，隨著整體華人的經濟得到改善，很多人開始能夠分得出藥材香和沉香的分別，所以銷售烏沉和茄楠香的老字號，都是非常坦白地交代是藥材香。而在外國地方我們作為旅客身份，礙於溝通不便，未必能清楚知道。要購買昂貴的香料的時候，自己必須要具備一定的知識，否則就要白交很多學費而不自知了。

檀香

在近二百年的香港，似乎與檀香勾起了比沉香更緊密的關係。自清中葉以後，香港的種植沉香業已經衰亡。但是香港與香材的緣分並沒有結束，取而代之的就是古代四大名香之二：檀香。大家也應該聽聞過檀香本出印度，而在漢土並沒有出產檀香。所以自漢代佛教傳入中土以來的歷代檀香均是從外國入口。有趣的是，除了印度人會使用檀香之外，在世界來說，第二個最多使用檀香的就是華人了。在清朝的時候，廣州成為唯一對外的貿易港，所有商船必須要經過香港才到達廣州，而在一八四一年英人強行登陸港島之後，對香港展開了過百年的管治。當年的英國在殖民主義之下，統治了印度、澳洲等地，均是盛產檀香的地方。在英國管治下，外商利用在香港的優勢，把很多外來香料經過香港再運輸到內地，所以在英國管治香港初期，已經有記錄到香港曾有檀香貿易行業。

檀香的品種從最早期只有印度，後來開始有澳洲，甚或東帝汶、檀香山，今日更有更多其他新產地，而不同年代的名稱也有些差異。比如早期英國透過東印度公司從邁索爾地區購買並售往中國的印度檀香木，現在香港被稱為貢檀，也曾被香港稱為老山檀香（台灣則沿用舊時的叫法稱印度檀香為老山檀香）。澳洲檀香現被台灣稱為新山檀香，香港也曾用此名，亦會稱為雪梨檀香，因為澳洲的首都悉尼曾被稱為雪梨。根據澳洲林務部記錄，在一戰後的二十年代，澳洲政府決定把所有對中國出口的西澳洲的檀香木經香港的怡和洋行負責統籌。[1] 不過筆者發現，在二戰前已經被當時的廣鉅源出入口莊和永利檀香莊以舊山檀香之稱作銷售，這些舊山檀香究竟是不是印度檀香呢？而筆者找到在一九一七年上海商務印書局出版的《英語撮要》一書，稱舊山檀香就是來自菲律賓馬尼拉的檀香，而新山檀香是帝汶檀香，不過上海出版的稱呼又是否在香港通用就不得而知了。而據老香莊的老闆們說，大概七八十年代，夏威夷的檀香和被稱為地捫檀香的帝汶檀香都曾經因品質很好而受到歡迎，不過只維持了一段短時間，後來品質漸漸下降而被人遺棄不用。不過近年又再次興起，相信是在產量不多的地區，一般需要幾十年時間才能把好品質的檀香木推出市場，因為樹齡越老，味道才越好。筆者確實找到有文獻提及過帝汶檀香在明清時候曾經經過澳門輸入內地。[2]

在一九五三年，李尚沛在一月二十六日在《華僑日報》刊登〈香港檀香業狀況〉一文中，提及有四種檀香：一是貢香，印度產的檀香；二是澳洲香，來自澳洲；三是雪梨香，來自法屬「菲芝埠」；四是地捫香，來自葡萄牙屬土「地捫」，即是今稱帝汶。有關新山和老山檀香的指稱，有老香莊老闆指出這稱呼是跟隨台灣的叫法的，因為很多客人覺得老山就是好的檀香，所以跟隨台

檀香

灣叫老山。似乎在不同年代有不同的版本，大概是前一個時期比較好的就會被稱為老山，然後後來有新的好產地，就會被稱為新山。香港曾經跟隨台灣，稱呼印度檀香為老山，而新山就是澳洲檀香。但後來六七十年代印度政府開始嚴加法例禁止檀香原木出口，香港進口印度檀香木越加困難，因此到現在慢慢尊稱印度檀香為貢香或貢檀，而把長期品質穩定而可以輸入的澳洲檀香木再細分為老山檀和新山檀等等。澳洲檀香的老山和新山的分類法卻是沒有統一，一般來說，好的品質稱為老山檀香，而品質較次的則成為新山檀香。說法一：澳洲檀香木六十歲以上就是老山，新山大概二十歲；說法二：樹幹油分比較少故而稱為新山，而樹根部分油分比較多故而稱為老山；說法三：在山頂的檀香樹油分較多、味道較似印度故而成為老山，而山腳的味道較次則稱為新山。

由此可見，在香港，每一家老香莊對於所謂老山新山檀香的定義有自己的見解，不過在行業之間並沒有共識及標準。而時至今日，有香港老香莊只以老山或貢檀、新山或雪梨兩個等級來區分印度和澳洲檀香，也有較多的老香莊分為貢檀（印度檀香）、老山（較好的澳洲）、新山（較次的澳洲甚或其他地區）等。雖然在香港這邊的檀香等級分類比較混亂，不過這從來不會減低百多年來香港本地客人以及海外華僑對於香港老字號的支持度。檀香作為華人最常用的香料，一般人用來供奉先人、仙佛菩薩，當然現在越來越多人重拾古代文人雅士儒雅之風，焚燒檀香作為香薰之用。而檀香本來也是中藥材，是行氣溫中，開胃止痛的，所以茶餘飯後燒一支檀香都是非常合適和寫意的。

柏香

也許現在大家對於柏香並沒有太大的印象，不過在舊時的香品中，是相對沉香、檀香更便宜而味道確實也很好的香料。現在有很多拜祭的人對於神香的味道沒有太大的要求，一味只追求便宜，因此經常購買一些用普通木糠製造的香，燒出來只有焦味，故此久而久之，很多人覺得香就是臭的，然後把香視為不健康的東西，只是拜祭時勉為其難地使用，導致使用香的文化習俗逐漸消退。不過往時的人對於宗教的虔誠度比較深，所以儘管喜歡價錢較經濟實惠的香，也會講求味道的。可能有人問為什麼柏香會比起檀香和沉香便宜？是不是因為沉香、檀香味道更好？其實每一種香料都有其獨特的氣味，當然多人喜愛的香料在大自然有限的資源下，價錢會被推高，所以產量的多少也會導致價格的差異。比如沉香是需要受傷後若干時間，才只有那一小部分有香氣；檀香則主要是樹心的部分才有足夠的香氣；而柏木則整株樹木都可以產生香氣，由於產量多，價錢也較沉香、檀香相宜。

現在內地非常流行的所謂崖柏其實又與香港傳統所用的柏香所不同。崖柏味道相較黃柏和紅柏濃烈刺激。香港較常用的是黃柏，其次是現在較少見的紅柏。氣味來說，紅柏較黃柏甜美，不過黃柏反而較常使用，尤其是會將其和檀香混合而製成價格較純檀香低的較次等的香（不過也是很好的香，現在的劣質木糠粗香不能相提並論）。而黃柏卻又與中藥黃柏不是同一種植物。有香舖指出所謂紅柏又稱龍柏，又有人叫紅檜；黃柏其實是扁柏。但

柏香

是很可惜是過往人們對於柏樹，可以指稱很多不同的植物，有香味的按其顏色來命名，並不如生物學家這樣清晰辨別出個別物種而給予個別名稱，所以對於黃柏紅柏是什麼，還有待考究。

過往懂得品香之人，甚至道觀也喜歡燃點柏香，因為其氣味清新宜人，有一種在大自然森林之間的清新氣息，而且有清甜的感覺，可以令人放鬆心情，甚至有助睡眠，其實非常適合現代都市人紓緩充滿挑戰的緊張生活所帶來的壓力。不過由於現在大部分人不是胡亂購買劣等香，就是覺得買沉香、檀香才叫好香，所以只有部分香港老字號仍有銷售柏香這種價錢不貴但是味道又很舒服的香料。

降真香

降真香其實在很多百年港澳老香莊的包裝紙上有提及，但是現在卻鮮有由其製作的香品銷售。降真香自古以來在道教中一直備受追捧，甚至認為燃燒降真香的時候會招引仙鶴降臨，非常吉祥，能驅除穢氣，所以非常適合供奉道教神明。此外，味道芬芳清甜，有部分具有椰奶味，在中藥中有活血消腫、止血、殺菌，抗抑鬱的效果，所以在古代經常被提及。現在在香港並不流行，但是在道教宮觀盛行的台灣確實蠻流行的。降真香現在在內地也非常流行。降真香是一種藤蔓經過受傷結香而成的物質，和沉香結成的過程相似，不過其價格相宜，和柏香相若，主要產於海南和緬甸一帶。

安息香

很多人一聽見安息香就會覺得不吉祥，因為聽到安息二字會想起死亡，其實是因為這種樹脂香料在古代從一個叫做安息的國家傳入中土，因此稱為安息香。這種香現在在香薰精油界

降真香

非常出名，因為這種香具有抗抑鬱、安撫情緒、消除緊張和安眠等效用，味道非常甜美，有點像糖果的甜味，非常適合現代的都市人。[3] 比如祥盛檀香扇莊的羅生曾說過他們曾經出產的龍涎貢香是有落安息香，永利檀香莊曾經也有銷售安息香。而陳聯馨香莊的陳生也說過往的香也會下安息香，因為安息香比較容易燃燒，所以用作助燃材料，價錢並不貴，不過後來很多人用更便宜的但是有害的硝石粉來做助燃劑。

根據陳家恩的研究發現，在六十到七十年代，安息香曾經廣為使用，在六十年代，在一家石崗香木磨坊裏有百分之六十的香木是安息香，而當時的安息香主要來自內地以及泰國。[4] 在印度習俗，安息香經常用來拜祭神明，而且被認為對驅除污穢辟邪有莫大功效。而在佛經記載，安息香是專門用來供奉觀音菩薩和準提佛母的。因此，這種香一直以來備受使用。現在的安息香主

安息香

要產自印尼和印度等地。

其他藥材

在香港，傳統製香的香藥有很多種，並非只是沉香、檀香等昂貴香料。參考宋代《陳氏香譜》以及明代《香乘》等古代專門記載香方的書籍，不難發現，古人的香方一般最少由六、七種香料混合而成，只是時到當今之世代，傳統香薰文化不及外來的香薰文化流行，使傳統香莊都把一切的香品化繁為簡，所以現代人對於傳統的香薰、常用的來自全國各地乃至世界中外的香料都認識不多。比如之前提及的茄楠香，多由十幾種香藥製作而成，達致香薰、保健、驅蟲辟邪之效，常用的香藥有八角、小茴香、大黃、肉桂、丁香、甘松、花椒、零陵香、當歸、沙薑、甘草、五加皮、艾草、薄荷、連翹、蒼朮、川芎、白芷、獨活等等。當然傳統上會用在製香上的香藥仍有很多，比如現在香薰精油常用的廣藿香、香茅、乳香、沒藥、佛手柑、陳皮、零陵香、菖蒲、木香、沙薑等等，不過舊時很多商家一般不會公開香方的成分，以免奸商偷方自產，所以很多時只是改一個吉祥如意的名稱就算，讓識貨之人自行前往購買。但是由於一般人燒香主要目的是敬神，喜歡香薰的卻又只是購買外洋精油，就算本地的香莊精心製作的香品種類曾經非常繁多，卻未必人人懂得購買，所以最後化繁為簡，只是推出大眾認識的沉香檀香之類的香品，使很多獨特香品停產消失，非常可惜。

上｜多種香藥粗粒

下｜在港香堂的製香原材料展示架

分辨天然和化學香的竅門

在傳統的香來說，基本上所有東西都是取自大自然，所以就算品質低劣危害卻是有限。但是時至今日，儘管科技發展日新月異，透過人工化學生產出很多方便的產物，不過很多都是危害人體的。很多商人為求利益不顧道德，製作種種五光十色的化學香品，讓只看外表而對天然香料沒有太多認識的人陷其圈套，最終危害身體。好香甚少，低廉劣質香卻處處，筆者特此分享如何分辨天然和化學香的基本要點，希望協助諸君覓得好香。

鑑定香的最基本要點有三個，第一：香灰燙手的不要；第二：五顏六色的不要；第三：未打開包裝已經聞到香氣的不要。先說第一，為什麼說香灰燙手的不要呢？一般人通常是在拜祭之時燒香，比如家裏敬神拜祖先、供奉仙佛菩薩地主等；新春祈福、清明、重陽、盂蘭、年終還神、學童開學等均會用到。很多人都曾經歷過被掉下來的香灰燙傷，由於非常痛，所以很多人都記憶猶新。最主要的原因就是製香的過程加了助燃劑。為什麼需要加助燃劑呢，原因就是那些低劣的香品一般只是用木廠的廢棄劣質鋸木粉製成，由於雜質甚多，很容易熄滅，所以就會加入一些易燃的助燃劑，比如碳粉、石灰、硝酸鉀等化學品。而現在時興的所謂無煙、微煙、環保香，其實就是加了更多的助燃劑，當香品被高溫燃燒的時候，煙氣就會減少，不過不代表沒有煙就不會排放看不見的化學物。所有加了這些容易燃燒的助燃劑，雖然確保香可以完全燃燒不會中斷停止，不過也會燒出刺激性的化學物。這就是為什麼很多劣質香會辣眼睛、氣味臭而刺激、燙手。這讓很多人不願意順從傳統的祭祀習俗，而且與老人家爭吵。因此我們要避免購買那些幾十元可以有幾百支的香，因為除了燙手甚或引致火警，也會對人體有嚴重傷害。低劣化學香帶來很多害處，比如香港中文大學醫學院的研究說長者在家裏有祭祀的習慣容易有腦退化症；[5] 嶺南大學的研究指廟宇附近的死亡率較高；[6] 理工大學的研究指焚香會釋出懸浮粒子等。[7] 很多人覺得焚香只是一種儀式感，但是他們忽視焚香釋放在空氣的物質，會在呼吸的時候被吸入肺部，和空氣的氧氣一樣進入血液，所以有需要焚香的話，必須要購買天然無化學添加的高級香品，情願每次燃燒減少支數，也千萬不可以購買劣等化學香，否則省了買香錢，卻為醫生添收入。

第二就是五顏六色的香盡量避免購買。一般來說，傳統香為了讓香的顏色更好看以滿足客戶的需求，也會加入各種的色粉，讓香更好看。而這個情況也不是只在傳統香之中，比如在日韓歐美等地現在也時興不同的香品，顏色非常鮮艷奪目，不過實情就慘不忍睹。很多時商家加的色粉，由於不是食物，所以並不會用上危害較低的食用色素，而是一般的工業染料，因為其成本比起食用色素便宜很多，而且容易上色，在沒有監管的情況下，表面看起來好看成為了最大的目標，而忽略了安全性。幸好現在的人開始注重健康以及知道其有害性，越來越多傳統香舖也開始出產原色香，就是沒有下染料的香品，而店家也會向客人推介原色香。但是筆者寄語讀者，千萬不要覺得某些產地是好的，就放下一切戒心，要知道，感情用事並不是一件好事，反而用知識去判斷，才是理智的選擇。

第三就是如果還沒有打開包裝就聞到氣味的不要買。之前說到當今之世雖然科技先進，但是很多商人的良心已經喪盡，為了賺錢不擇手段地設計多種不同的香味來吸引消費者。可是很多氣味根本在自然界是不存在的，強行透過化學香精憑空揑造，以及用廉價而濃烈的化學香精盡量模仿大自然的氣味，從而達致利益最大化。天然的香氣並不會非常濃郁強烈的，否則我們不需要焚香，打開窗戶已經聞到香氣，去花店已經濃烈到暈倒了。大家都知道現實並不會這樣，那麼為什麼這麼多味道濃烈的香品呢？其實都是用化學香精製造出來的濃烈香味。天然的香氣是溫柔的，而不會猶如洪水猛獸般跑出來。現在很多不同的花香味的香，根本就是用香精製造出來的。因為在自然的情況之下，燃燒乾燥了的花瓣是會有焦味的，這就是為什麼儘管古代文人雅士很喜歡花也好，也不能製作出花味的焚燒用香品。什麼玫瑰花香味、薰衣草香味、百合花香味等等，很可能都是以人工化學香精模仿天然香氣而製作出來的，成本廉價且喜愛者眾，因此很多外國香廠根本不需要找香原料，只須用化學香精加木粉加黏粉和色素，就可以製造出各式各樣的香品讓各大顧客購買。這就如我們現在吃零食、飲品一樣，什麼都是某某味果汁，某某味糖果，只得其味而不能相見。真正的傳統香是把原材料打成粉末而製作成香，與那些味精香相比，根本是不同層次。

另外，現在有很多新發明的香味，根本和大自然無關的，比如現在很多人喜歡的櫻花味產品。相信大家也曾經到訪日本去看燦爛的櫻花，儘管有千萬朵在你面前，朵朵盛開，也不曾聞到所謂的櫻花味，沒有錯，因為櫻花根本是沒有香味的，只是不良商人看中了人們迷戀璀璨的櫻花花海的浪漫，故而發明一種所謂櫻花味，來偷取顧客們的歡心。還有現在有什麼海洋味道的汽車香精或者是清新空氣劑，什麼是海洋味呢？難道不是海鮮市場、海味市場的味道？為什麼是這種奇特的味道呢？根本所謂的海洋味也是虛構的氣味，又是商家製造出來讓客人購買。此外，大家可能見過綠茶味道的線香，為什麼日本有綠茶味香而發明茶的中國反而沒有？就是因為這些綠茶味的香也是以化學香精製造出來的，因為茶葉是不能夠焚燒的，一焚燒則會和花一樣有焦味。因此，不少人覺得傳統香的味道很悶，來來去去只有沉香、檀香或者混合了藥材的味道，其實是因為這個世界本來可以焚燒而產生香味的香料並不多，所以並非我們的祖先枯燥乏味不懂得創作，而是世間自然界裏總是有一些限制。現代人當然比古人厲害，能夠天馬行空憑空捏造不存在的味道，不過這些化學香精的味道，確實殘害身體而一般人們不自知，反而恥笑傳統香一成不變，甚至鄙視傳統製香行業。

傳統天然香之所以珍貴，就是它真的取自大自然，經過造香者悉心的配搭，把大自然最好的一面呈現在客人的鼻前，就如烹調的廚師一樣，需要日積月累的經驗和別出心裁的誠意，才能製造出每一款上好怡人的上等香。筆者教學的時候，很多學生會問，是不是可以用精油造香呢？筆者經常就會回答說，既然你有了精油，又為什麼要造香呢？現在很多人會覺得精油就是最天然的，甚至比起天然的原材料更高尚，這是一個很有趣的想法。試問有什麼東西比起原材料更天然呢？萃取精油最主要原因可以說是因為方便使用，試問一朵新鮮的保加利亞玫瑰難道會比不起其精油嗎？製作精油的時候，每逢經過多一重步序，就會令其失真，而製作精油者唯一可以做就是盡可能保存其味道，可是不論現在的技術如何先進，也是不能夠百分之一百保留原材料的味道。我們有幸在香港，一個有著各國各地運輸香料原材料到來的地方，我們要找到新鮮的花朵、各地的香料都是不太困難，因為大部分香料本身都是在東南亞、中東等近赤道的地方，而我們香港也有著全國最好的中藥批發，所以在香港能找上好的香料製作香，其他地方未必可以做到。比如在東北方而寒冷的日本，他們本身由於天氣寒冷而香料不多，大部分香料都是要從中國、東南亞購買再送到日本，所以比起我們成本當然會更貴。歐美國家則更加困難，要到中東、東南亞、中國購買原材料。因此很多都是叫當地直接製造濃縮的精油，送去歐美地區，讓他們可以製作香水以及製成其他香味商品出售。要知道這些濃縮了的精油，味道不可以和原材料相提並論，華人一直傳承古代的習慣，尤其是中藥系統，習慣使用原材料，所以不見得凡是歐美國家來的就會特別好。

筆者有很多學生本身是喜愛精油的，當他們來到我的店鋪聞到了天然原材料的時候，就會很驚訝，原來原材料和精油是完全不同的感覺。天然的原材料味道當然是很天然，因為它就是大自然的一部分。不是說傳統香有什麼厲害，純粹是因為傳統香就是使用大自然所賜予給我們的香氣的原材料來製成的香品。至於有人問，如果真的要破除大自然的定律，要製造花香味的香，那麼是不是只可以加精油？當然這個是唯一的方法，而且是比較天然的方法，不過問題是，焚燒精油是會破壞和浪費精油的，而且精油本身是非常容易揮發，所以就算你用花精油製作成香，味道也不持久，不能好像傳統香用原材料製作出來，可以陳放幾十甚至上百年。天然香品只要存放得妥當，在陰涼乾燥的地方，傳給你下一代，也不成問題。所以有時候走得太前衛，不如看看，我們有沒有失去初衷？我們聞香、香薰，

香港日本百貨公司的日本香陳設

難道不是要親近大自然的氣息嗎？那些化學模仿的，經過加工多重提煉的，難道會比原材料更天然嗎？所以這幾十年新興的所謂薰香用的香品，其實只可以說是商品，因為很多內裏只是一堆化學香精、化學色素和不同的有毒化學物，卻騙人說這是讓你置身大自然的用品，是一部多麼浪漫的虛構小說啊。

透過詳述以上三個要點，希望各位讀者可以大概知道什麼是化學香和天然香，以及它們的分別，從而以知識智慧，避開那些巧言令色的化學商品，不會再浪費大量的冤枉錢在一些虛假的浪漫有毒商品中。當然現在造假的技術非常厲害，唯一辨認的方法，就是需要透過經驗來判斷，所以大家盡量到商譽良好的店舖，甚或有原材料供大家品聞的店舖購買。

註釋

1 Len, T. (1982). *A Brief History of the Sandalwood Industry of Western Australia*. Forest Department of Australia. 18.

2 Gunn, G. C. (2016). The Timor–Macao Sandalwood Trade and the Asian Discovery of the Great South Land?. *Review of Culture*, 53, 125–48.

3 楊明（2019）。中醫香療學。中國醫藥出版社。頁九九。

4 Yan, C. K. (1989). Joss Stick Manufacturing: A Study of a Traditional Industry in Hong Kong. 106.

5 Wong, A., Lou, W., Ho, Kf. et al. (2020). Indoor Incense Burning Impacts Cognitive Functions and Brain Functional Connectivity in Community Older Adults. *Scientific Reports*, 10, 7090. https://doi.org/10.1038/s41598-020-63568-6

6 香港嶺南大學（2021年9月10日）。嶺大研究顯示本港廟宇焚香污染物嚴重超標。於二零二五年三月三十一日擷取自 https://www.ln.edu.hk/cht/news/press-releases/20210910/lu-study-finds-air-pollution-levels-of-incense-burning-temples-far-exceeds-air-quality-standards

7 香港理工大學（2020年6月10日）。留家煮食燒香增室內污染嚴重可致癌。於二零二五年三月三十一日擷取自 https://www.polyu.edu.hk/cee/news-and-events/news/2020/skypost20200619/

第六章：香港傳統使用香的方法

焚香

當大家想起香，那就一定是焚香、燒香的。當然這個是最主要的使用香的方法，也是大家唯一普遍認知的方法。焚香禮佛，大家想起香就想起了火，所謂香火香火嘛。焚起一炷清香，冒起香雲向天飛，是一團在祈願聲中升上青天的祥雲，猶如帶著人間的願望到達天上去。所以傳統祭祀的時候，一般也會焚香。其實焚香最根本的目的就是透過焚燒把香支中香粉裏面蘊藏的油分蒸發出來，讓蒸發出來的精油成分分佈在附近一帶的空氣中，達到香薰的效果。而古人焚香並不僅僅是製造煙氣，而是通過焚燒珍貴香料製作而成的香，讓香氣分佈空間，以表示對於祭祀對象的尊敬。當然除了拜祭之外，用作個人娛樂的品香也會的。所以焚香自古以來，除了佛寺香客、家中祠堂，文人雅士的書桌桌案上，精緻的香爐從來都必不可少。焚香能令空間散發彌漫著迷人的香氣，而且由於大部分香料都是藥材，也能夠驅除污穢、淨化空間，甚至保健養生。多少文人墨客焚香之時留下多少文章詩句，已有幾千年的歷史。現代人為什麼會覺得傳統香不好，覺得只有燒外來的鼠尾草、聖木才是淨化呢？

焚香比起香薰精油更具揮發性，所以一炷清香，已經可以馨香滿屋。當然焚香主要目的是取其香氣，不過近幾十年的學術報告總是針對其壞處，卻對好處隻字不提。不得不提的是的確焚香會產生煙粒子和焦油，和烹飪的時候一樣，是我們不想要的東西。唯一可以做的就是保持空氣流通，不要在密閉空間裏面焚香。如果在密閉空間裏面焚香，反而被煙氣的焦味掩蓋，讓人聞不到香氣。古人的住屋室內，大多數都是窗戶處處的，所以基本上不會有大問題，但是現在的房屋窗戶甚少，甚至有一些空間只有空調而沒有窗戶，所以經常被研究人員詬病。其實密閉空間本身就對身心不健康，不應該長期逗留，又何況焚香？只要在空氣流通的地方焚香，基本上問題不大。焚香也不是追求數量，而是追求品質和誠心，所以基本上焚燒幾支天然優質的香，在空氣流通之下並不會構成很大的風險。有人問如果我開空調怎麼辦，那麼就開一下抽氣扇，讓空氣流通，這樣的香薰效果比起密閉更佳。懂得方法焚香，才能正確享受焚香的樂趣。

焚香木

這個焚燒香木的方法，一般在佛寺道壇開法會的儀式中經常使用。一般在佛寺會焚燒沉香檀香等木條（筆者乃佛弟子，在法會中捻香木枝供佛乃是必做之事），而道壇會焚柏香（筆者記得有一次在荃灣圓玄學院拜祖先的時候，忽然聞得一股柏香的清香味，然後隨香氣入大殿，就看見殿中正在焚燒柏木）。而很多人好奇，為什麼把香木插在香爐中，就會自燃焚燒呢？難道有什麼法術嗎？其實在法會開始之前，一般會有一些居士預先準備好香爐的。首先要用香箸把香爐的香灰弄鬆，讓裏面充滿空氣方便燃燒。然後在香爐灰中間開一個孔，用香匙加一些香粉放在這個孔裏面，然後燃點香粉，待一會焚燒完的香粉的熱力讓旁邊的香灰「死灰復燃」，就可以把香木插進去，透過烘熱了的香灰燴熱香木，從而焚燒出香氣。當然有人會問，既然有了香粉，還要香木條做什麼呢？很多人不知道的是，其實香木條蘊含的油分一定會比經過粉碎步序而成的香粉多，因為機器打磨的過程會產生熱力，讓部分油分散失（當然如果用之前提及的香水車打出來的香粉則不會有這個問題），而且由於香粉末的樹木纖維已經被打散了，所以油分自然會比被木纖維緊緊包著的木條少。

舊時很多的老人家，在平常時間會焚燒線香自己敬神，然後每逢初一十五，也會把檀香木破成碎枝焚香敬神。筆者的媽媽經常說她小時候見到她嫲嫲是這樣做的，當然筆者也聽過好多學生說小時候見過老人家在初一十五在家裏做這個事情。現在的人一般都是匆匆忙忙的，也許小時候見過老人家做過類似的事情，由於沒有深究，也沒有把這些傳統習俗保留下來，所以現在基本上只有在宗教道場才會見到，並且這個香氣是令人非常難忘深刻的。不過另外一個原因是，這個方法比起焚燒線香產生更多煙，現在都市房屋細小，這個做法似乎不太合適了。

焚燒柏香木條

篆香

篆香這個方法，似乎是在近百年曾經消失過，而卻在近二十年隨著華人重新興起對傳統香文化的研究熱潮，才再度出現。這個方法早在唐宋時期非常流行，當時稱為「印香」。這個名詞大家可以在眾多的唐詩宋詞中看到，古代的文人雅士經常焚香至興高采烈的時候就會詩興大發，從而留下很多名詩絕句形容焚香篆一刻的浪漫情景。

當時一般使用木頭雕成不同吉祥文字或花紋的香印模具，先把香灰填平，然後把香印放在灰上，把香粉填在香印模具的坑紋裏，再拿起印來，那些填在香印坑紋的香粉則會按著坑紋的形狀，原封不動地留在香灰上，非常好看。燃點這個有了圖案的香粉，火就會跟著這個圖案由頭燒到尾，非常寫意。而且由於香粉不需要加黏粉，是純純的香粉，所以味道會比起焚線香更上一層樓。在明朝的《香乘》有記載著各式各樣的篆香圖案。而在宋代的時候，更加有一個專門的職業，通常是婦女擔當的，叫做「香婆」，會來到人家的家裏或者店舖裏印香，印完了就離開，顧客則月結結賬便是了。有趣的是，筆者看到名家蔡瀾在二零一零年寫了一篇題為〈焚香〉的文章，當中除了提及梁永盛的龍涎烏沉玉香之外，也提及了篆香，他說：「那是一種上海人叫為『壽字香』的銅製香爐，依壽字形模型塑成的香，用篆體寫壽字，從頭到尾一氣呵成，燒後剩下的灰，圖案亦美。這種香爐通常分成兩個格，最上層的方形格讓人先放香爐灰。有了香爐灰做底，香才熱，方能燃燒。下一格有各種器具，其中之一是一片銅板，有個把手，提著把上格的香爐灰壓平。另一種器具是一個壽字形的模，鋪在香爐灰上面，這時可以散香末了，用的是一根銅瓢，樣子像把小鏟，取出香末，小心填滿挑空的壽字。第四種器具是一把小銅掃，用來掃平香末，之後就把模子取出，那個壽字便牢牢地固定了。最後點香，從最邊緣的那頭點著，就能上蓋，一個壽字至少可以點十至二十分鐘。見煙縷飄渺升起，甜甜的香味撲鼻，是一種很高尚的享受。」[1]

祥盛檀香扇莊的篆香印模具

十六厘米的大壽字篆香印

此外，這個方法，也是從唐宋時期傳到了日本，比如日本佛教的真言宗，他們經常使用「コ」字形的香印（真言宗不同流派也會使用其他圖案，不是只有「コ」字形），供奉在佛前的香爐，然後做佛事。而香港有一個近一百年的真言宗道場：香港佛教真言宗居士林及女居士林，則一樣以這個香印來供佛。有趣的是，筆者在訪問祥盛檀香扇莊的時候，和羅生羅太談論有關篆香時，他們告訴我幾十年前有一位老人家給了一個篆香印，他們保留到今天，筆者一看就知道這位老人家應該是修真言宗的師兄來的，因為在幾十年前，應該只有真言宗宗派會使用這種香具。當然時至今日，在香港開設的真言宗道場也越來越多，應該多了人認識這種香印。所以說，篆香的傳統，不論是蔡瀾提及的上海人，還是因為真言宗密法歸華，把唐宋時期的香印帶回香港，似乎香港也是與篆香這種用香方法有點聯繫。另外，筆者有一位學生也曾說過，小時候見過她的姑媽做過篆香，但在十幾年前筆者剛剛接觸傳統香文化的時候，訪問過好多老香莊，他們當時卻表示沒有聽聞過這個東西是什麼玩意。現在篆香這種品香玩法非常流行，很多人在內地社交媒體平台如小紅書、抖音等拍片品香，甚至轉載到 Instagram 和 Facebook 等外國社交媒體平台，所以現在也很多外國人慕名而來到筆者的店舖購買相關用具和香粉回家玩樂。

香囊

香囊又是一個非常有趣的事情，不過現在卻不再流行了。筆者的學生曾經說過，她的嫲嫲在她小時候會在端午節製作香囊給她佩戴。而的確傳統華人在端午節除了要吃粽紀念屈原之外，古人也會懸掛能殺菌驅蟲的艾草和菖蒲及佩戴香囊，因為端午節被認為暑濕炎熱，蚊蟲等百毒細菌滋生的時節，所以要在腰間佩戴香囊，帶著一些能夠辟邪殺菌的香料，有效保健養生和驅除蚊蟲。曾幾何時香港的老一輩也會秉承這些在現在的人眼中微不足道的傳統習俗，而這些傳統習俗，也是一種默默地對家人傳遞關愛的行為。現在的人病了就看西醫吃藥丸，對於日常生活細節都不如過往般體貼入微。

香囊

送香囊是一種情感表達，而古人總是經常離別，不是像現在就算旅行都可以上網打電話這麼方便，所以以前的人在與心愛之人離別之前，尤其是女士，都會繡香囊，然後配搭自己獨特的香味，送給自己喜愛的人，不論是愛情、親情、友情，也是一番心意。

香囊製作簡單，只需要有香料，有布袋就成事了，可以佩戴在隨身物品上，可以放在枕頭邊，可以放在衣櫃裏，送人自用皆可。在天時暑熱的時候，佩戴著香囊，熱力會把香料的油分揮發出來，清新怡人，又可以驅除蚊蟲，是一樣有趣的玩意。現在的人去郊外旅行，大多都是拿著不同的化學噴劑向著身上噴，就真的沒有往時的優雅。

塗香

塗香二字，一般人大概都不知道是什麼來的，也許只有佛教中人會聽過這個名詞，因為《藥師經》中有提及這種供養品，但是卻沒有親眼見過。反而日本人就把這個從唐宋時代傳入的東西一直保留到今天，所以大家去日本旅行時可能見過一包包寫著塗香的粉末，這就是所謂的塗香了。香港佛教真言宗居士林及女居士林同樣把這個唐宋時期傳入日本的東西保留在香港近百年至今。塗香究竟是什麼呢？其實就是非常精細的香粉。經過特別篩選的幼細的香粉，把它塗抹在身上或者衣服上，能夠清淨身心、驅除污穢與蚊蟲。古代做佛事前，參加者都會先塗抹上香粉，淨化自身後，方入殿中作佛事，以示對佛菩薩諸天的尊敬，是一種禮儀。而這個習俗也是從古印度傳入中土，因為在印度天氣炎熱，過往印度貴族婆羅門等都喜歡塗抹香粉以去除身上異味。所以塗香並不是只可以用在佛事等宗教儀式上，我們日常也可以把特別處理過非常幼細的香粉塗抹在身上，作為香體用品使用。

註釋

1 蔡瀾（2010 年 8 月 10 日）。焚香。蔡瀾和倪匡——老友講老友。於二零二五年四月一日擷取自 https://bobostory.wordpress.com/2010/08/10/%E7%84%9A%E9%A6%99/

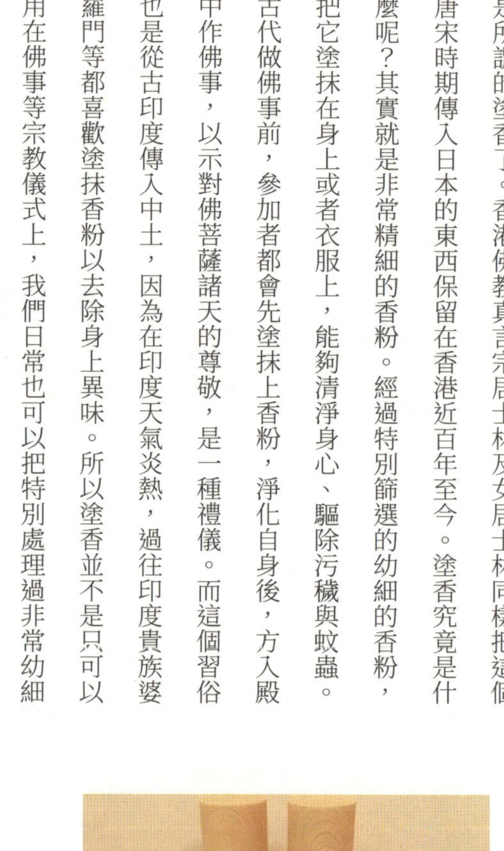

塗香

香港廣鉅源出入口莊

通流

三藏經典　僧侶用品　西藏貢香　降香速香
佛像圖籍　罐頭素食　正茄楠香　花劃香
陀羅尼被　名山念珠　安南沉香　女兒香
顯密法器　星月佛珠　檀香貢香　燒香塗香

地址

1938 年廣鉅源香莊在佛教期刊《海潮音》的廣告，可見曾有銷售塗香。

第七章：

香港香文化復興的願景

香港之名皆因為香！這個港口與香之緣可謂千載因緣早注定。明清之時，香港的沉香曾經馳名中外，而到了近代，香港在五十到七十年代更是全世界華人地區其中一個最重要的香品出口地。香港的香業發展至今已經近二百年，香港從製造業變更為金融業，再變更為地產業，到如今似乎又到了一個變革的時期，香港究竟如何自居？筆者作為一個社會學畢業以及喜愛傳統文化的人，當然就不是專長於經濟，不過從小到大，可以見到香港很多傳統的文化在這幾十年變遷得很厲害，衰落的衰落，消失的消失。香港作為中國其中一個保留最多和最地道的傳統廣府文化的地方，有著不可替代的地位。但是時至今日，香港傳統製香技藝依然未被納入香港非物質文化遺產的清單內。所謂人身不過百年，香港開埠近二百年，如今還沒有一本專書記載香港的香歷史，只有個別學者零星的研究，而學術論文在民間並不流行，難以流通。筆者研究香港傳統香文化近二十年，見證著老香舖的消失、老前輩慢慢老去仙逝，不禁擔心香港的千年香文化就在筆者所見證下隨著時間的巨輪而消失。

就是深知世間無常，才會越珍惜當下的一切。筆者自二零一四年因緣際會下，跟隨樹仁大學陳蒨教授，擔任香港潮籍盂蘭勝會的非物質文化遺產研究的研究助理近三年，發現現行政策下，儘管潮籍盂蘭勝會已是國家級和香港的非物質文化遺產，但其保育方法一般都是進行記錄工作為多，在很多籌辦者眼中，是多了被訪問和研究，不過參與的人始終不多，最後隨著很多理事老去，有心無力不能籌辦，而且籌錢方面，隨著神權下降，也越發困難。在無人繼承以及沒有資金的情況之下，就只有消亡。從此可見，要傳承文化，並不單單是文化考察、記錄過程，而是把文化融入生活中，而且需要人去傳承。而香港香業的情況則更加嚴峻，在沒有非物質文化遺產的光環之下，基本上沒有多少人留意這個生活中的平凡用品的歷史文化。而且每隔一段時間，就會有一些學者，只是片面地研究傳統香品的缺點，從來不會研究其優良之處，而且總是針對傳統香，而現在五花八門、五顏六色、各種天馬行空的香味的外來香品卻因為時下大受歡迎而對它們的弊處避重就輕不多過問，這樣久而久之，這個華人幾千年、香港千年的傳統香薰文化就會被人蒙上污名，一旦被那些學者蒙上污名，再好的傳統文化也是難以被人重新中立地認識和理解。

筆者自中四已經喜歡上高級傳統香品，至今廿年來一直致力研究傳統香文化的好處，遍尋香港的老字號，向各大香業前輩請益學習之後，在二零一七年成立港香堂公司，致力開班教授各種傳統文化課程、工作坊，以及改良和教授傳統製香的製作方法，堅持在香港製造傳統香品等至今八年，幸得各大傳媒、教育機構、文化機構鼎力支持，單人匹馬在沒有任何資助下，非常艱難卻很堅定地把傳統香文化知識，毫無保留地分享給大眾。八年來成功讓千人以上重新認知傳統香文化，以及近千人學習製造傳統香的方法。只有讓人親身體驗，才能知道造香從業者的辛酸以及堅毅不屈的精神，默默地為他人的祈願製作出最好的載體——香。如今幸得香港三聯出版社欣賞，邀請筆者寫書，好讓各大讀者認識這個日常不為人留意，卻是和香港有著千年不解之緣的文化。鄙人希望略盡綿力，讓更多香港本地人以及中外朋友放下刻板印象，重新認識傳統優質天然上等香所帶來的好處，讓香港繼續馨香，繼續成為有香之港，讓香港的香再次成為香港的手信，讓世界都知道香港這個東方之珠這麼好的故事。所以筆

三位印度學員參與英文製香班

大埔卍慈中學的學生參加製香課程

者也積極籌辦工作坊和課堂，積極籌辦多次英語課程，並成功讓外國旅客知道香港的始源以及傳統香文化的好處，地地道道地認識香港。

現在世界興起東方熱，很多歐美的國家對於傳統華人的文化非常有興趣，比如看中醫、針灸、焚香、靜坐等等。政府不斷呼籲民間要說好香港的故事，香港的確本身也有很多好故事，而香是一個最重要的故事，香就是香港的根與魂。香港作為一個最有優勢向外推廣華夏文化的地方，應該乘著中外之人興起對於傳統文化的興趣之勢，向旅客重點分享香港香文化。比如當我們去旅行的時候，去韓國總是要造泡菜、去日本就總要飲抹茶，那麼香港除了吃魚蛋、燒賣、飲涼茶之外，並不是宣揚那些外來的紅酒節和啤酒節，而是應該著眼本地傳統文化，比如教外國人造香，請外國人品聞我們傳統優質的上等天然香，和飲茶一樣，這樣才

九位澳洲學員參與英文香文化課程

香港電台邀請筆者教卡塔爾駐港總領事如何印篆香

能地道地體驗香港優質的傳統文化。而這些很多應該做的事情，筆者已經先行做了，而且得到非常正面的回應。不過有一些東西的確是需要相關文化當局配合，比如香港的廟宇民俗文化，也是在華人地區之中彌足珍貴，很多外國人來到香港會參看自古承襲到今的民俗祭祀文化。不過問題是，很多時候，由於投標制度的問題，那些廟宇很多香品都是由廟祝購買，而且大多購入最便宜的低劣化學香品以謀求賺回投資的成本，結果是香港各大宮廟佛寺大部分都是臭氣薰天的，令本地人和外國旅客留下非常差的印象，認為華人傳統的香都是臭的，華人的品味就是如此低俗，竟然以這麼低劣的東西敬奉神明。的確儘管我們把廟宇修復得如何漂亮，廟宇鋪金貼銀，但是內裏卻插著如此難聞辣眼的香，也沒有心情留下慢慢觀看。至於日本和台灣地區，他們的佛寺宮觀所用的香，氣味確實是比起香港的清新怡人。

筆者 2021 年受香港城市大學邀請教授本科生香文化課程

氣味管理在商業銷售的心理學之中是非常重要的，所以在高級的商場裏面，往往也會加入香薰，讓人有一個好印象和舒適的環境。所以要推廣香港的傳統廟宇和民俗祭祀文化，香看似微不足道，但往往卻是最影響他人印象的一個要點。之前筆者為皇家亞洲學會香港分會籌辦過一次傳統香文化講座，在事前很多本地的外籍參加者都擔心他們來聽講座，會不會滿身都染上那種低級劣質香的「拜神香」味，因為之後他們要去其他地方，不希望被人嫌棄。好在後來我把上好的檀香沉香給他們品聞，才讓他們知道其實傳統的上等天然香味道是非常清新怡人令人歡心的。所以相關文化當局以及不同的宗教團體應該注重氣味問題，因為氣味問題可以影響深遠。另外比如香港旅發局有份籌辦的舞火龍活動，也是使用那些劣質香品，卻招引全世界的旅客到來，然後在全世界的旅客面前展示，我們傳統香的氣味就是不好聞的，真的是令人難堪。香味往往是被忽略的，因為它看不見，不能被拍照。一般搞活動的時候只是要好看，夠排場，但除了視覺、聽覺之外，香味是可以讓人留下很深刻的印象的。筆者單人匹馬，實在難以改變所有事情，還需要得到當局以及相關單位重視。

香港第一任特首董建華先生曾提及香港應該發展中藥港；第四任特首梁振英先生，對於香港中草藥發展以及從香港把中藥推廣至國外也是非常重視。的確，香港一直以來，都是中國重要的香料物流地，而香港中藥業一直以來都是香港一個時至今日仍引以為傲的傳統產業。香港的中藥在現行的政策以及監管制度下，水平可以說是全國的頂流，而且為世界華人所喜愛，很多內地旅客以及海外華僑都很喜歡來香港購買藥材。香本身就是藥，所以一直以來有香藥同源之說，因此應該結合香藥同源及香港中藥的優勢，向大家推廣香文化，把他們對香的認知由主要和宗教有關的產品，慢慢變成生活化的香薰保健休閒文化產品。這樣亦可以把中醫藥、香港傳統香文化一起推廣，是其他地方無法取代的優勢。這些筆者一直在努力推行，在香港購買最上等的中藥材，融入到香中，以優質上乘為基礎，努力向本地以及外地人推廣傳統香文化。而且現在世界流行香薰治療，紓緩人的身心，改善亞健康，而傳統中醫藥體系除了關心人的五臟六腑，也很關心人的神態情緒，所以可把傳統香文化、中醫藥、香薰治療等結合。現在在內地也提出中醫香療學，如果香港得以研究發展再推廣到外地，這將會把傳統香文化及中醫藥文化的優勢推到更上一層的水平，而這個本來就是上等天然香的最根本用途，透過迷人的天然香氣，令人舒服放鬆解除日常的煩惱。當香從宗教神權中拿出來，那就什麼宗教的人都可以用香，而這八年來筆者一直努力研發日常使用、生活上用的香，希望把薰香文化，像古人一樣，融入大家的生活中，這個傳統香文化，才能突破宗教的界限，在新一代的年輕人，以及世界各國的人中傳承下去。

筆者深知要傳承傳統文化，則必須要靠年輕人，因為人終須一死，輕輕的來也輕輕的走，沒有什麼可以帶走，所以一直以來致力到各大院校推廣這個古老的文化。文化一旦失傳，斷了之後，日後再復興，都已經是有不同的意義了。香港用香的傳統很難得在經過各個大時代的風浪，依然千年不滅，儘管現在開始沒落，我們必須在它消逝之前好好地堅持，保護這份珍貴的非物質文化遺產。傳承文化真的為不了名也為不了利，只是為了把祖宗千年來的智慧傳給後世，為新世界留有一點自然的馨香。現在很多人在尋找香港未來發展的新路向，不如倒轉頭看看我們是如何起家，我們有何等其他地方沒有的優勢，其實我們可以自己地道根本的傳統，作為我們的新方向，利用自身的優勢，做好自己的本位，這才是真正的香港。所以希望當局在教育、旅遊方面多加注重香港本地的傳統文化，因為香港正正就是保留最多的傳統廣府文化的廣東地區，請在這些傳統文化被時間洪流推至消失之前，好好研究推廣，認清自己，才能變成更好的自己，香港亦然。願以此書，迴向過往香業的先賢前輩們。希望這書能夠為各位讀者帶來有用的知識，讓大家放下刻板印象，重新了解香港這個傳承千年的根。靠大家的支持和努力，說好香港的香故事，香港的香才能再次馨香，重拾昔日光輝。香港的根源來自於香，願香港亦以香港的香而感到光榮。

港香情

鄧皓荃　著

責任編輯　羅文懿
書籍設計　Kaceyellow

出版
三聯書店（香港）有限公司
香港北角英皇道四九九號北角工業大廈二十樓
Joint Publishing (H.K.) Co., Ltd.
20/F., North Point Industrial Building,
499 King's Road, North Point, Hong Kong

香港發行
香港聯合書刊物流有限公司
香港新界荃灣德士古道二二〇至二四八號十六樓

印刷
美雅印刷製本有限公司
香港九龍觀塘榮業街六號四樓A室

版次
二〇二五年七月香港第一版第一次印刷

規格
大三十二開（140mm x 210 mm）二〇八面

國際書號
ISBN 978-962-04-5687-9

JPBooks.Plus
http://jpbooks.plus

三聯書店
http://jointpublishing.com